Alles, was Angst macht

5 4 3 2 1   15 14 13 12 11

© 2011 Marshall Editions
Titel der Originalausgabe:
Phobiapedia

Herausgeber: James Ashton-Tyler
Grafische Leitung: Linda Cole
Redaktionelle Leitung: Sorrel Wood
Design: Ali Scrivens
Projektleiter: Emily Collins
Redakteur: Elise See Tai
Herstellung: Nikki Ingram
Bildrecherche: Claire Newman

© 2011 für die deutsche Ausgabe:
arsEdition GmbH, 80741 München
Alle Rechte vorbehalten
Aus dem Englischen von Andreas Jäger
Textlektorat: Eva Wagner
Druck und Bindung in China

ISBN 978-3-7607-8365-9

www.arsedition.de

Alles, was ANGST macht

Joel Levy

arsEdition

Inhaltsverzeichnis

Ophidiophobie: Angst vor Schlangen, S. 18

Mottephobie: Angst vor Motten, S. 50

Mycophobie: Angst vor Pilzen, S. 63

Bufonophobie: Angst vor Kröten, S. 52

Was ist eine Phobie?

Eine übergroße Angst vor bestimmten Dingen, Orten oder Situationen nennt man Phobie. Manchmal beziehen sich Phobien auf Dinge, die tatsächlich furchterregend sind, wie z. B. reale Schlangen oder Gefressenwerden. Doch typisch für Phobien ist, dass sie unrealistisch sind: Man hat Angst, obwohl nur wenig oder gar keine Gefahr besteht. So wissen wir, dass wir von der bloßen Abbildung einer Schlange eigentlich nichts zu befürchten haben, doch einem Menschen mit Schlangenphobie jagt schon das Bild Angst ein.

Eine Phobie erzeugt Angst und Anspannung, was wiederum Kurzatmigkeit, Herzrasen und Panik zur Folge haben kann – ein äußerst unangenehmer Zustand! Viele Phobien mögen uns albern oder lustig erscheinen, doch die Betroffenen können darüber gar nicht lachen. Mit diesem Buch können wir Phobien besser verstehen lernen – und dadurch vielleicht auch besser in den Griff bekommen.

Arachnophobie
Viele Menschen mögen keine Spinnen. Doch Arachnophobiker brechen gleich in Panik aus, wenn sie den achtbeinigen Gesellen begegnen.

Übersicht A–Z

A

Acarophobie *Jucken und krabbelnde Insekten*
Acerophobie *Saures*
Achluophobie *Dunkelheit*
Aeroakrophobie *offene, hoch gelegene Plätze*
Aerophobie *Zugluft, Verschlucken von Luft und Einatmen giftiger Gase*
Agateophobie *Wahnsinn*
Agoraphobie *weite Plätze, Menschenansammlungen*
Agrizoophobie *Wildtiere*
Agyrophobie *Überqueren der Straße*
Aichmophobie oder Trypanophobie *spitze Gegenstände, wie Nadeln oder Messer*
Ailurophobie *Katzen*
Akrophobie *Höhe*
Akustikophobie *Lärm*
Algophobie *Schmerz*
Alliumphobie *Knoblauch*
Ambulophobie *Gehen*
Amychophobie *Kratzer, Gekratztwerden*
Anablephobie *Nach-oben-Schauen*
Ancraophobie oder Anemophobie *Wind, Luftzug*
Anthophobie *Blumen*
Antlophobie *Überschwemmungen*
Apiphobie *Bienen*
Apotemnophobie *Menschen mit amputierten Gliedmaßen*
Aquaphobie *Wasser*
Arachnophobie *Spinnen*
Astraphobie *Blitz*
Astrophobie *Sterne, Weltraum*
Asymmetriephobie *Unsymmetrie*
Ataxophobie *Unordnung*
Atelophobie *Unvollkommenheit*
Athazagoraphobie *Vergessen- oder Ignoriertwerden*
Atomosophobie *Atomwaffen*
Automatonophobie *Bauchrednerpuppen, Wachsfiguren, Schaufensterpuppen*
Automysophobie *Schmutzigwerden*

Autophobie oder Monophobie *Alleinsein*
Aviophobie oder Aviatophobie *Fliegen*

B

Bakteriophobie *Bakterien*
Barophobie *Schwerkraft*
Bathmophobie *Stufen oder Steilhänge*
Bathophobie *Tiefe*
Batrachophobie *Amphibien, z. B. Frösche, Molche*
Bazillophobie *Keime*
Belonephobie *Nadeln*
Bibliophobie *Bücher*
Blennophobie *Schleim*
Botanophobie *Pflanzen*
Brontophobie *Gewitter*
Bufonophobie *Kröten*

C

Cheimaphobie oder Cheimatophobie *Kälte*
Chionophobie *Schnee*
Chorophobie *Tanz*
Chromophobie oder Chromatophobie *Farben*
Chronometrophobie *Uhren*
Cibophobie oder Sitophobie *Essen und Nahrungsaufnahme*
Clinophobie *Zubettgehen*
Clithrophobie oder Cleithrophobie *Eingesperrtsein*
Cnidophobie *Stacheln*
Coimetrophobie *Friedhöfe*
Consecotaleophobie *Essstäbchen*
Coulrophobie *Clowns*
Cremnophobie *Klippen, Steilküsten*
Cryophobie *extreme Kälte, Frost, Eis*
Cyberphobie *Computer oder das Arbeiten daran*

D

Dendrophobie *Bäume*
Dinophobie *Schwindel oder Whirlpools*

Übersicht A–Z

Doraphobie *Fell und Haut von Tieren*
Dystychiphobie *Unfälle*

E

Ecclesiophobie *Kirchen*
Emetophobie *Erbrechen*
Entomophobie *Insekten*
Equinophobie oder Hippophobie *Pferde*
Ereuthophobie *die Farbe Rot*

G

Gelotophobie *Gelächter*
Geniophobie *Kinn*
Genuphobie *Knie*
Gephyrophobie *Brücken oder das Überqueren derselben*
Geumaphobie *Geschmack*
Graphophobie *Schreiben, Handschrift*

H

Hämophobie oder Hämatophobie *Blut*
Haphephobie, Hapnophobie, Haptephobie oder Thixophobie *Berührtwerden*
Helminthophobie *Wurmbefall*
Herpetophobie *Reptilien; alles, was kriecht und krabbelt*
Hexakosioihexekontahexaphobie *die Zahl 666*
Hoplophobie *Waffen*
Hydrophobie *Wasser (durch Tollwutinfektion verursacht)*
Hygrophobie *Flüssigkeiten, Nässe, Feuchtigkeit*
Hylophobie oder Xylophobie *Wälder*

I

Iatrophobie *zum Arzt gehen*
Ichthyophobie *Fische*
Iophobie *Gift, Vergiftetwerden*
Isopterophobie *Termiten*

K

Kakophobie *Hässlichkeit*
Karnophobie *Fleisch*
Kinetophobie oder Kinesophobie *Bewegung*
Klaustrophobie *enge Räume*
Koniophobie *Staub*
Koprophobie *Kot*
Kymophobie *Wellen*
Kynophobie *Hunde und Tollwut*

L

Leukophobie *die Farbe Weiß*
Ligyrophobie *laute Geräusche*
Lilapsophobie *Tornados und Wirbelstürme*
Limnophobie *Seen*
Lutraphobie *Otter*

M

Macrophobie *lange Wartezeiten*
Megalophobie *große Dinge*
Melanophobie *die Farbe Schwarz*
Melophobie *Musik*
Metrophobie *Gedichte*
Microphobie *kleine Dinge*
Mottephobie *Motten*
Murophobie oder Musophobie *Mäuse*
Mycophobie *Pilze*
Myrmecophobie *Ameisen*

N

Nekrophobie *Leichen*
Neophobie oder Kaino(lo)phobie *Neuigkeiten*

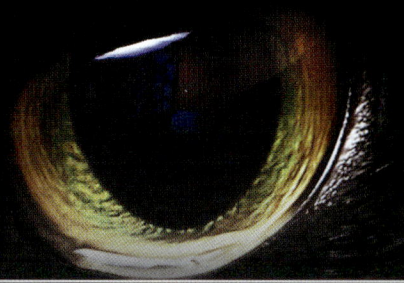

Nephophobie *Wolken*
Nosocomephobie *Krankenhäuser*
Nyktohylophobie *Wälder bei Nacht*
Nyktophobie oder Noctiphobie *die Nacht*

O

Octophobie *die Zahl acht*
Odontophobie *Zähne oder Zahnarzt*
Odynephobie *Schmerz*
Olfaktophobie *Gerüche*
Ommetaphobie oder Ommatophobie *Augen*
Omphalophobie *Nabel*
Oneirophobie *Träume*
Ophidiophobie *Schlangen*
Ophthalmophobie *Angestarrtwerden*
Ornithophobie *Vögel*
Ostraconophobie *Muscheln*

P

Pädophobie *Kinder*
Pagophobie *Eis, Frost*
Panophobie oder Pantophobie *alles*
Pediculophobie *Läuse*
Phagophobie *gefressen werden oder Schlucken, Essen*
Phasmophobie oder Spectrophobie *Geister, Gespenster*
Philemaphobie oder Philematophobie *Küssen*
Phobophobie *Ängste*
Phonophobie *laute Geräusche, Lärm*
Photophobie *Licht*
Pluviophobie *Regen oder vom Regen nass werden*
Pnigophobie oder Pnigerophobie *Würgen, Ersticken*
Pogonophobie *Bärte*
Pteronophobie *mit Federn gekitzelt werden*
Pupaphobie *Puppen*
Pyrophobie *Feuer*

R

Ranidaphobie *Frösche*

S

Sciophobie oder Sciaphobie *Schatten*
Scoleciphobie *Würmer*
Selachophobie *Haie*
Selenophobie *Mond*
Seplophobie *Fäulnis, Verwesung*
Skotophobie *Dunkelheit*
Spheksophobie *Wespen*
Stenophobie *enge, beengte Plätze*
Symmetrophobie *Symmetrie*

T

Taphephobie oder Taphophobie *lebendig begraben werden*
Taurophobie *Stiere*
Thalassophobie *das Meer*
Thanatophobie oder Thantophobie *Tod, Sterben*
Toxicophobie oder Toxiphobie *Gift, Vergiftung*
Traumatophobie *Verletzungen*
Trichopathophobie oder Trichophobie *Haare*
Triskaidekaphobie *die Zahl 13*

V

Vestiphobie *Kleidung*

X

Xanthophobie *die Farbe oder das Wort Gelb*
Xerophobie *Trockenheit*

Z

Zoophobie *Tiere*

Ob jemand eine Phobie hat oder »nur« eine ausgeprägte Angst – beides sollte nicht dazu verleiten, sich darüber lustig zu machen. Manche Phobien in dieser Übersicht sind allerdings in keinem medizinischen Lexikon zu finden: Hier geht es eher um einen spielerischen Umgang mit der Sprache.

Arachnophobie

Angst vor Spinnen

Das Wort Arachnophobie bedeutet »Angst vor Spinnen«
(aus dem Griechischen: *arachne* = Spinne und *phobos* = Angst).
Es ist die häufigste Tierphobie.

Giftige Spinnen

Die meisten Spinnen auf der Welt sind giftig, mehr als
200 Arten können dem Menschen gefährlich werden.
Doch Todesfälle sind selten; und die Mundwerkzeuge
der meisten Spinnenarten sind nicht kräftig genug, um
die menschliche Haut ernsthaft zu verletzen. Welche
Spinne die giftigste der Welt ist, ist umstritten: etwa
die Sechsäugige Krabbenspinne im südlichen Afrika?

Ihr Gift lässt das Fleisch verfaulen und verursacht star-
ke Blutungen. Ein Gegengift gibt es nicht. Dennoch ist
nicht zweifelsfrei bekannt, ob jemals ein Mensch von
dieser Spinnenart gebissen wurde. Auch eine Art der
Brasilianischen Wanderspinne namens *Phoneutria fera*
oder die australische Sydney-Trichternetzspinne
könnten die Rekordhalter sein.

Hungrige Braut

Manche Spinnenweibchen fressen das
Männchen nach der Paarung auf. Vor allem
der Schwarzen Witwe sagt man das nach.
Trotzdem stimmt es nicht ganz: Bei einer
Art der Schwarzen Witwe auf der Südhalb-
kugel der Erde frisst das Weibchen meist
das Männchen. Bei einer anderen Art, die in
Nordamerika zu Hause ist, wird das Männchen nur manchmal gefressen, manchmal aber
auch laufen gelassen.

Klein, aber gefährlich
Die Rotrückenspinne ist nur erb-
sengroß, aber eine der giftigsten
Spinnen Australiens.

Rotrückenspinne

Sydney-Trichternetzspinne

Schwarze Witwe

In Australien gibt es Tausende von Spinnenarten.

Silberne Samtvogelspinne

Wolfsspinne

Spinnenaugen

Die acht Augen der Wolfs-
spinnen sind in drei Reihen
angeordnet. Damit erspä-
hen sie ihre Beute.

Haarige Gesellen

Tarentula war
früher der wissen-
schaftliche Name für eine im Volksmund »Taranteln«
genannte Gruppe großer, behaarter Spinnen, die es
in verschiedenen Teilen der Welt gibt. Der Name
leitete sich ab von der süditalienischen Stadt Tarent.
Heute nennt man sie Wolfsspinnen. Ihr Biss ist
schmerzhaft, trotzdem ist ihr Gift,
soweit man weiß, nicht sehr
gefährlich.

Mexikanische Rotknie-Vogelspinne

Die Mexikanische Rotknie-Vogelspinne sieht zwar furchterregend
aus, hält sich aber gern verbor-
gen und ist für Menschen
nicht besonders
gefährlich.

Mexikanische Rotknie-Vogelspinne

Arachnophobiker mögen keine Spinnen – egal ob groß oder klein!

Klaustrophobie

Angst vor engen Räumen

Klaustrophobie ist die Angst vor kleinen oder engen Räumen. Das Wort kommt vom lateinischen *claustrum*, das »Schranke« oder »Käfig« heißt. Diese Phobie ist sehr verbreitet, ungefähr jeder Zehnte leidet irgendwann in seinem Leben einmal darunter. Niemand mag es, eingeklemmt oder eingesperrt zu werden. Doch Klaustrophobiker bekommen auch dann Angst, wenn gar keine wirkliche Gefahr besteht, z. B. im Aufzug oder in der U-Bahn.

Neigst du zu Klaustrophobie?
Macht es dich nervös, in einer Menschenmenge
zu stecken? Oder nimmst du manchmal lieber die Treppe
statt des Aufzugs, weil der enge Raum dich ängstigt?

In die Enge getrieben

Die Veranlagung zur Klaustrophobie könnte teilweise erblich sein. Oft ist sie auch die Folge eines schlimmen Erlebnisses in der Kindheit, etwa wenn man einmal im Aufzug stecken geblieben ist oder beim Spielen in einen Schrank gesperrt wurde. Man bekommt dann später Angst vor Situationen, die einen an dieses Erlebnis erinnern, und versucht, diese zu vermeiden. Dabei kann die Angst immer schlimmer werden.

Ein grausiger Tod

Höhlenforscher steigen nicht nur tief in die Erde hinab. Oft müssen sie auch sogenannte »Siphons« und »Kriechstrecken« überwinden, also Stellen, die ganz mit Wasser gefüllt bzw. so eng sind, dass man nur auf allen vieren oder kriechend hindurchkommt. 1925 starb der Höhlenforscher Floyd Collins in einer solchen Kriechstrecke. Als er das größte Höhlensystem der Welt erforschte – die Mammuthöhle (Mammoth Cave) in Kentucky –, blieb er etwa 17 m unter der Erde stecken. Er konnte sich nicht mehr befreien und starb nach zwei Wochen an Wasser- und Nahrungsmangel.

Beengte Verhältnisse

Tropfsteine machen Höhlenforschern das Leben schwer, da sie den Raum, in dem sich die Forscher bewegen können, sehr einschränken. Hängen sie von oben herab, nennt man sie Stalaktiten; die Stalagmiten wachsen von unten nach oben.

Tief hängende Stalaktiten lassen den Raum noch beengter wirken!

13

Akrophobie

Höhenangst

Das Wort Akrophobie kommt vom griechischen *akra* = Gipfel oder Spitze. Es bezeichnet die Angst vor großer Höhe. Oft wird es verwechselt mit Schwindel (das medizinische Fachwort dafür ist Vertigo), also Problemen mit dem Gleichgewicht – was manchmal ein Symptom für Akrophobie, aber auch für andere Phobien ist. Akrophobiker bekommen Panik, wenn sie in einem Hochhaus aus dem Fenster schauen, Brücken überqueren oder nur auf einen Stuhl steigen.

Die Angel Falls in Venezuela

Der Salto Ángel

Der höchste Wasserfall der Welt ist ganz bestimmt kein Reiseziel für Akrophobiker. Der Salto Ángel, auf Englisch »Angel Falls«, entspringt in Venezuela von der Hochebene des Bergs Auyan-Tepui (»Teufelsberg«). Hier stürzt das Wasser knapp 980 m in die Tiefe. Starker Wind, Sprühwasser und rutschiger Untergrund machen den Aufenthalt hier oben nicht ganz ungefährlich. Der Name geht übrigens auf den Flugpionier Jimmie Angel zurück, der 1937 diesen Wasserfall als Erster überflog.

Angst vor Abgründen

Nah verwandt mit der Akrophobie ist die Cremnophobie, die Angst vor Abgründen (griechisch: *kremnos*). Cremnophobiker fürchten sich besonders vor Klippen und Steilküsten. Sie sollten lieber nicht in Kalaupapa auf Hawaii Urlaub machen – dort befindet sich die höchste Steilküste der Welt (über 600 m). Mithilfe der sogenannten virtuellen Realität kann man Akrophobie behandeln. Eine Brille vermittelt durch Computersimulation den Eindruck, dass man sich auf einen Abgrund zubewegt. So kann man lernen, seine Angst nach und nach zu überwinden.

Im Inneren des Jin Mao Tower in China

Der Peak-Apartment-Komplex in Indonesien

Nur für Schwindelfreie!
Rechts siehst du die Türme der Peak Apartments in Jakarta (Indonesien). Die Penthouse-Wohnungen befinden sich in den Stockwerken 46 bis 55 – nicht gerade der gemütlichste Platz für Akrophobiker!

Agoraphobie

Angst vor weiten Plätzen

Agoraphobie wird oft verstanden als die Angst vor großen, weiten Plätzen. Das Wort kommt vom griechischen *agora*, was »Marktplatz« bedeutet. Die Patienten des Arztes, der das Wort geprägt hat, gerieten in Panik, wenn sie sich auf öffentlichen Plätzen aufhielten und das Gefühl hatten, sie könnten von dort nicht fliehen, falls Gefahr droht. Tatsächlich leiden Agoraphobiker an mehreren Ängsten: Zum einen haben sie Angst, an einem ungeschützten Platz zu sein, und zugleich fürchten sie, eine Panikattacke zu bekommen.

Agoraphobie ist weit verbreitet: Einer von hundert Menschen leidet extrem darunter, und vermutlich ist jeder achte von einer milden Form betroffen. Sicher ist, dass fast jeder Mensch in seinem Leben gelegentlich unter Agoraphobie leidet.

Scheue Tiere

Nicht nur Menschen ängstigen sich manchmal vor der großen weiten Welt da draußen. Wildkaninchen etwa verbringen einen großen Teil ihres Tages im Bau und kommen nur in der Dämmerung hervor, wenn sie ihre Feinde noch sehen können, aber selbst nicht mehr leicht zu entdecken sind. Manche Tiere hängen so sehr an ihrem Heim, dass sie es mit sich herumtragen – der Einsiedlerkrebs etwa kriecht in ein leeres Schneckenhaus und trägt es dann überall mit sich herum. Wenn er wächst und ihm die Wohnung zu eng wird, muss er sich eine neue suchen. Die nächsten, kleineren Nachmieter stehen schon Schlange, um in das abgelegte Haus einzuziehen.

Junges Kaninchen

Immer in der Nähe bleiben
Beutetiere wie Kaninchen halten ständig Ausschau nach Gefahren und bleiben gern in der Nähe ihres Baus, um sich schnell vor Feinden in Sicherheit bringen zu können.

Immer auf der Hut

Das Erdmännchen (aus der Familie der Mangusten) ist wohl der größte Agoraphobiker. Kein Wunder, wenn man bedenkt, dass Erdmännchen so viele Fressfeinde haben, dass jedes zweite erwachsene Tier im Lauf eines Jahres zum Opfer wird. Erdmännchen leben in Gruppen und bilden Kolonien von bis zu 40 Tieren. In jeder Kolonie gibt es mindestens einen Wächter. Dieses Tier sitzt auf seinen Hinterbeinen und sucht die Umgebung aufmerksam nach Feinden wie Greifvögeln, Schakalen und Schlangen ab. Sobald es einen Feind erblickt, lässt es ein lautes Bellen ertönen, und alle Artgenossen verschwinden rasch in ihren Bauen und Höhlen.

Wenn alles in Ordnung ist, gibt der Wächter einen Piepslaut von sich.

Auf dem Posten

Erdmännchen beobachten als Wächter die Umgebung in aufgerichteter Haltung, damit sie Gefahren so früh wie möglich sehen und rechtzeitig reagieren können.

17

Ophidiophobie

Angst vor Schlangen

Ophidiophobiker leiden unter Angst vor Schlangen (griechisch: *ophis*). Eine gewisse Scheu vor Schlangen ist normal und weit verbreitet, aber eine Phobie ist, wie wir wissen, weit mehr als nur leichtes Unbehagen. Wer unter Schlangenphobie leidet, gerät schon beim Anblick von Bildern oder Spielzeugschlangen in Panik oder auch nur beim Gedanken an eine Schlange.

Eine Taipan-Art

Klapperschlange

Was ist an Schlangen so unheimlich?

Viele Menschen glauben, Schlangen seien schleimig, nass und kalt, obwohl sie noch nie eine angefasst haben. Das Gegenteil ist der Fall: Die schuppige Haut von Schlangen ist trocken und fühlt sich weich an. Als wechselwarme Tiere müssen sie sich mit der Umgebungstemperatur aufwärmen, und deshalb sind sie immer warm, sobald sie aktiv sind.

Sind es die Giftzähne?

Obwohl die meisten Schlangen harmlos sind, gibt es auch Arten, die uns Menschen gefährlich werden können: Würgeschlangen und Giftschlangen. Das ist wahrscheinlich der Hauptgrund für Ophidiophobie. Doch oft wird vergessen, dass die meisten Schlangen Menschen lieber meiden, anstatt anzugreifen. Und wenn, dann spritzen sie nur wenig Gift, das ausreicht, damit sie entkommen können.

Nur etwa 150 Schlangenarten können dem Menschen gefährlich werden.

Afrikanische Speikobra

Netzpython

Tödlicher Biss

Eine der gefährlichsten Schlangen ist die Sandrasselotter, eine Viper in Indien, Nordafrika und den arabischen Ländern. Ihr Gift ist zwar nicht so stark wie das der Taipane, einer anderen Schlangengattung. Dennoch sind tödliche Bisse durch die Sandrasselotter vermutlich häufiger als durch andere Schlangenarten.

Überwiegend harmlos

Die meisten Schlangen sind harmlos. Selbst in Amerika, wo es viele Giftschlangen gibt, ist die Wahrscheinlichkeit, an einem Insektenstich zu sterben, größer als die, Opfer eines Schlangenbisses zu werden. Am gefährlichsten sind Schlangenbisse dort, wo kein Gegengift zur Verfügung steht.

Tigerpython, Albino

Python-Arten haben oft eine bunt gemusterte Schuppenzeichnung.

Königspython

19

Odontophobie

Angst vor Zähnen

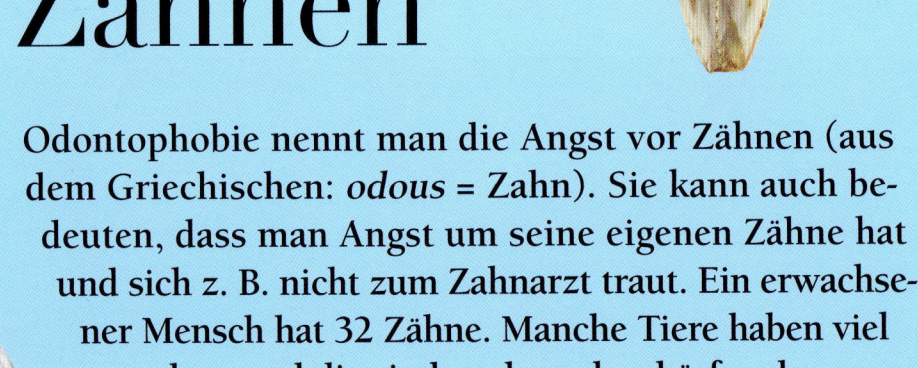

Haizahn

Weißer Hai

Odontophobie nennt man die Angst vor Zähnen (aus dem Griechischen: *odous* = Zahn). Sie kann auch bedeuten, dass man Angst um seine eigenen Zähne hat und sich z. B. nicht zum Zahnarzt traut. Ein erwachsener Mensch hat 32 Zähne. Manche Tiere haben viel mehr – und die sind auch noch schärfer als unsere!

Zeigt her eure Zähne

Die Zähne verraten dir viel über ein Tier. Zähne mit flacher, breiter Kaufläche, wie Pflanzenfresser (Herbivoren) sie haben, dienen dazu, harte Nahrung zu zermalmen. Fleischfresser (Carnivoren) dagegen haben spitze, scharfe Zähne. Damit können sie Beutetiere töten und deren Fleisch zerreißen.

Lange Zähne, großer Hai

Anhand seiner dreieckigen Zähne kann man die Körperlänge des Weißen Hais bestimmen: Die Seitenlänge des Zahns in Zentimetern entspricht in etwa der Körperlänge des Hais in Metern.

Schön weit aufmachen!

Kein anderes Tier hat so viele Zähne wie der Weiße Hai. Haie packen ihre Beute mit den Zähnen und zerreißen sie in grobe Stücke, die sie ganz schlucken – ohne zu kauen! Manche Haie haben mehrere Hundert Zähne, angeordnet in bis zu fünf Reihen hintereinander. Wenn die vordersten Zähne abgenutzt sind oder ausfallen, rückt die nächste Zahnreihe nach, während hinten schon wieder eine neue entsteht.

In der langen Schnauze des Gavials stecken bis zu 110 Zähne!

Gavial

Angst vor dem Bohrer

Heute ist mit Odontophobie meist die Angst vor dem Zahnarzt gemeint. Etwa ein Drittel der Menschen hat mehr oder weniger Angst vor dem Zahnarztbesuch; aber einer von zwanzig hat so viel Angst, dass er den Zahnarztbesuch so lange aufschiebt, bis es gar nicht mehr zu vermeiden ist.

Und der Gavial, der hat Zähne ...

Der Gavial ist ein Verwandter der Alligatoren und Krokodile. Größere Exemplare erlegen schon mal ein Säugetier, doch seine Kiefer und Zähne sind nicht kräftig genug, um Menschen zu töten und zu fressen.

Emetophobie

Angst vor Erbrechen

Vom griechischen Wort *emetos* = Erbrechen leitet sich die Emetophobie ab. Eigentlich eine verständliche Angst – schließlich ist Erbrochenes wirklich sehr eklig. Es besteht aus unverdauten Speiseresten, Speichel, Magensäften und oft noch scheußlicheren Dingen wie Blut und Galle. Kein Wunder also, dass die meisten Leute sich vor Erbrochenem ekeln und es auch nicht mögen, wenn sie selbst sich übergeben müssen. Trotzdem ist Emetophobie wesentlich mehr als nur schlichter Ekel.

Gesund bleiben um jeden Preis

Für Emetophobiker ist die Vorstellung, sich übergeben zu müssen oder anderen dabei zusehen zu müssen, so schlimm, dass sie alles tun, um eine solche Situation zu vermeiden. Manche Menschen, die unter dieser Phobie leiden, meiden die Gesellschaft kleiner Kinder, gehen nie auf Partys und waschen jede Nahrung zwanghaft, bevor sie sie essen.

Alles in Deckung!

Wenn wir Menschen uns übergeben müssen, dann ist das eine gesunde Reaktion unseres Körpers, um Nahrung loszuwerden, die uns schadet oder die giftig ist. Manche Tiere aber speien, um sich gegen Feinde zu verteidigen.

Seegurke

Vierhorn-Krötenechse

Blutiges Auge

Die Krötenechse ist kein hübsches Tier.
Über und über mit Hornstacheln und
-warzen besetzt, wirkt sie auch auf
Fressfeinde nicht sehr appetitlich.
Falls das aber zur Abschreckung nicht
reicht, hat die Krötenechse noch eine
Abwehrstrategie auf Lager: Sie kann
mit Blut aus den Augenwinkeln schießen!
Wenn sie sich bedroht fühlt, quetscht sie die
Blutgefäße in den Augenhöhlen so zusammen, dass
sie platzen. Dann spritzt das Blut aus dem Auge.

Seegurkenattacke

Bestimmte Seegurkenarten
stülpen ihren Darm aus, um
Angreifer abzuwehren.

Echsenblut

Das Blut, das die Krötenechse
verspritzt, enthält eklige, scheußlich schmeckende Stoffe.

Manche Seegurken »schießen« mit giftigen Fäden!

Gemeine Gurke!

Die Seegurke sieht eigentlich ganz
harmlos und eher langweilig aus. Sie ist
mit dem Seeigel verwandt und bewegt
sich wie dieser langsam kriechend über
den Meeresboden, auf der Suche nach
ihrer Nahrung, abgestorbenen Pflanzen-
resten. Die meisten Arten sind rund 20 cm lang, doch
die Tigerschwanz-Seegurke kann mit bis zu 2 m länger
werden als ein Mensch! Die Verteidigungsstrategie der
Seegurke ist verblüffend: Bei Gefahr stülpt sie entweder giftige Tentakel oder gleich den ganzen Darm aus
und schleudert ihn dem Feind samt Inhalt entgegen.

Brontophobie

Angst vor Gewitter

Das Wort Brontophobie leitet sich ab vom griechischen *bronte* = Donner. Meist tritt diese Angst zugleich mit Astraphobie auf, der Angst vor Blitzen. Besonders Kinder leiden oft unter diesen Phobien.

Gefahr von oben

Gewitter sind nicht nur laut und flößen uns Angst ein, sie können auch gefährlich sein. In Amerika sterben pro Jahr durchschnittlich 58 Menschen durch Blitzschlag. Überschwemmungen fordern jedoch weit mehr Todesopfer.

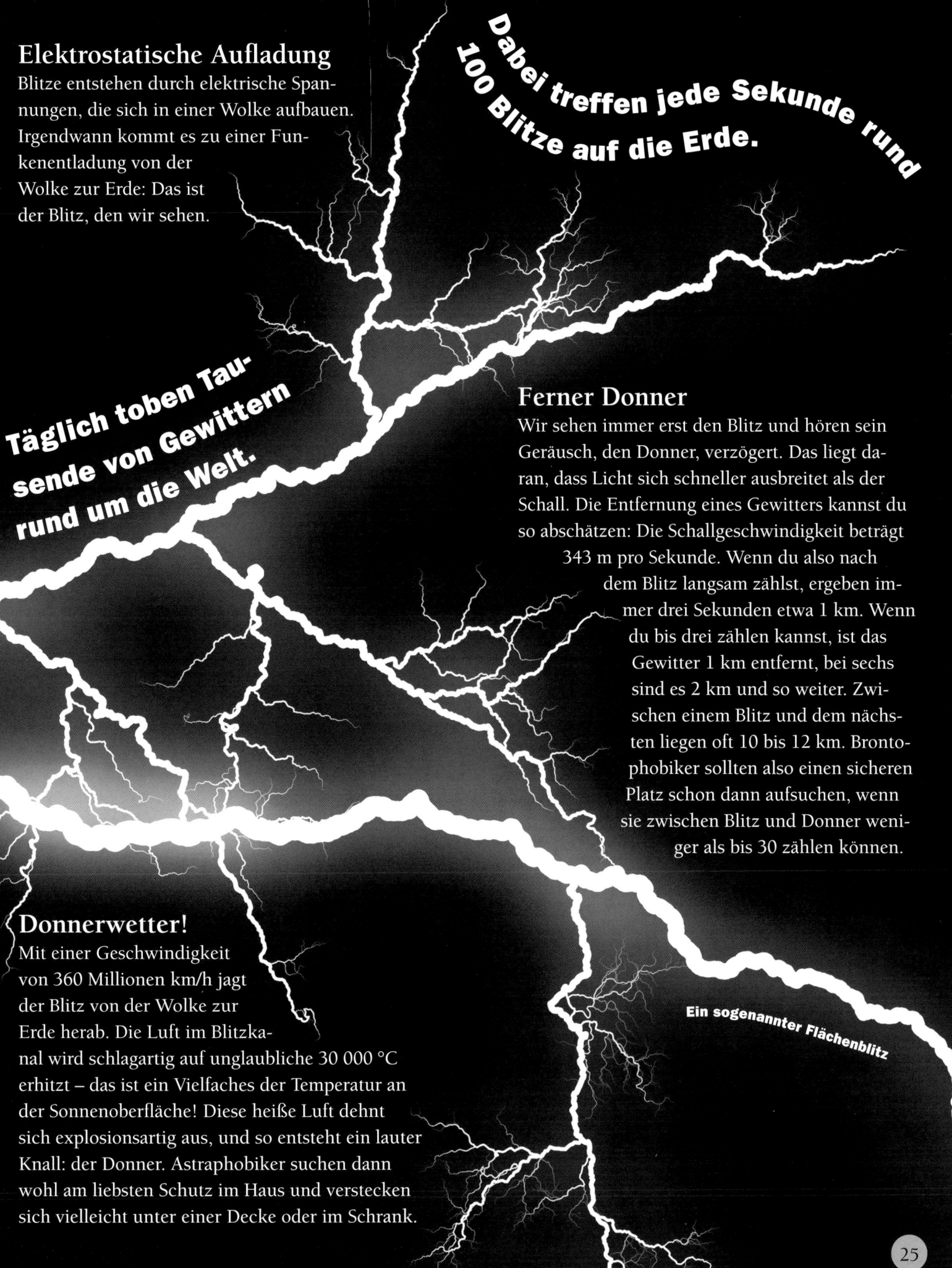

Elektrostatische Aufladung

Blitze entstehen durch elektrische Spannungen, die sich in einer Wolke aufbauen. Irgendwann kommt es zu einer Funkenentladung von der Wolke zur Erde: Das ist der Blitz, den wir sehen.

Dabei treffen jede Sekunde rund 100 Blitze auf die Erde.

Täglich toben Tausende von Gewittern rund um die Welt.

Ferner Donner

Wir sehen immer erst den Blitz und hören sein Geräusch, den Donner, verzögert. Das liegt daran, dass Licht sich schneller ausbreitet als der Schall. Die Entfernung eines Gewitters kannst du so abschätzen: Die Schallgeschwindigkeit beträgt 343 m pro Sekunde. Wenn du also nach dem Blitz langsam zählst, ergeben immer drei Sekunden etwa 1 km. Wenn du bis drei zählen kannst, ist das Gewitter 1 km entfernt, bei sechs sind es 2 km und so weiter. Zwischen einem Blitz und dem nächsten liegen oft 10 bis 12 km. Brontophobiker sollten also einen sicheren Platz schon dann aufsuchen, wenn sie zwischen Blitz und Donner weniger als bis 30 zählen können.

Donnerwetter!

Mit einer Geschwindigkeit von 360 Millionen km/h jagt der Blitz von der Wolke zur Erde herab. Die Luft im Blitzkanal wird schlagartig auf unglaubliche 30 000 °C erhitzt – das ist ein Vielfaches der Temperatur an der Sonnenoberfläche! Diese heiße Luft dehnt sich explosionsartig aus, und so entsteht ein lauter Knall: der Donner. Astraphobiker suchen dann wohl am liebsten Schutz im Haus und verstecken sich vielleicht unter einer Decke oder im Schrank.

Ein sogenannter Flächenblitz

Hämophobie

Angst vor Blut

Das Wort Hämophobie ist von der griechischen Wurzel *aima* abgeleitet, was »Blut« bedeutet. Hämophobiker können den Anblick von Blut nicht ertragen – egal ob es eigenes oder fremdes ist. Oft leiden sie gleichzeitig unter Trypanophobie, der Angst vor Nadeln und anderen spitzen Dingen, sowie unter Traumatophobie, der Angst vor Verletzungen. Häufig werden Hämophobiker beim Anblick von Blut ohnmächtig, was zu Verletzungen führen kann. Hämophobiker haben Probleme damit, zum Arzt zu gehen und sich eine Spritze geben zu lassen.

Warum Angst vor dem eigenen Blut?

Manche Fachleute sind der Meinung, Hämophobie habe damit zu tun, dass viele Menschen im Alltag selten Blut zu sehen bekommen und deshalb nicht wissen, wie sie mit diesem Anblick umgehen sollen. Doch in Wahrheit gibt es kein Leben ohne Blut. Bestimmte Tiere brauchen sogar Blut als Nahrung.

Blutsauger

Manche Tiere lieben Blut! Mücken können uns große gesundheitliche Probleme bereiten, denn sie verbreiten Krankheiten, die durch Blut übertragen werden. Dazu gehört die Malaria, die jährlich mehr als eine Million Todesopfer fordert. Dennoch kursieren viele falsche Vorstellungen über Mücken. So beißen sie nicht, sondern saugen mithilfe ihrer kanülenartigen Mundwerkzeuge Blut. Sie leben auch nicht ausschließlich von Blut. Mückenmännchen ernähren sich von Pflanzensäften und Nektar. Nur die Weibchen saugen Blut, und das auch nur dann, wenn sie Eier legen.

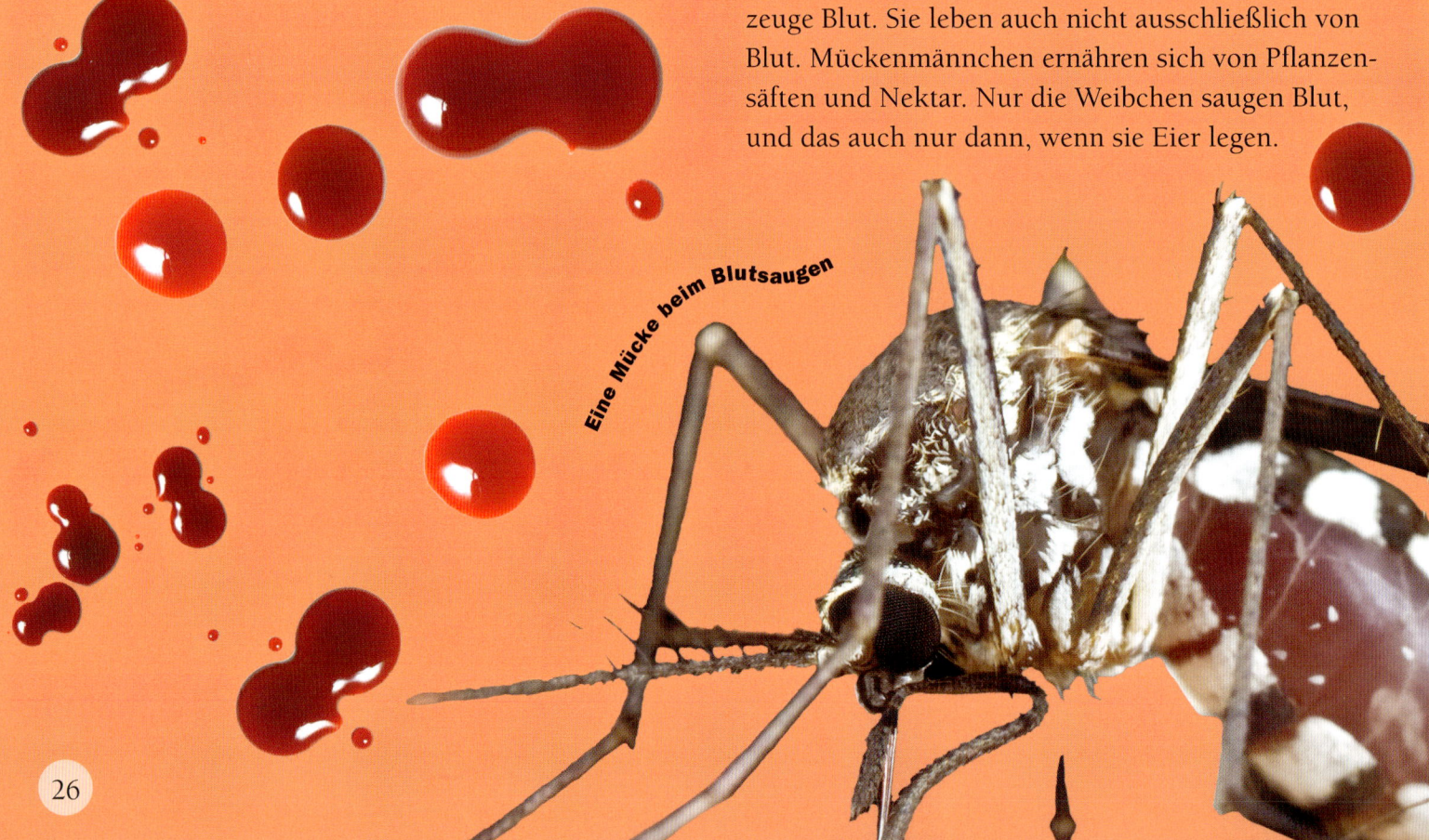

Eine Mücke beim Blutsaugen

Bis(s) aufs Blut

Vampirfledermäuse sind die einzigen Säugetiere, die sich ausschließlich von Blut ernähren. Hauptsächlich zapfen sie schlafende Pferde und Rinder an. Wenn sie Menschen angreifen, dann höchstens aus Versehen. Trotzdem haben viele Menschen Angst vor ihnen. Mit einem speziellen Organ in der Nase kann die Vampirfledermaus Blutgefäße unter der Haut wahrnehmen. Und dann beißt sie hinein und lässt es sich schmecken.

Eine Vampirfledermaus in Ruhestellung

Vampirfledermäuse leben in Kolonien von hundert oder mehr Tieren.

Eine Kolonie trinkt im Jahr die Blutmenge von rund 25 Kühen.

Blutiges Nachtmahl

Wenn die Nacht am dunkelsten ist, verlassen Vampirfledermäuse ihre Wohnhöhlen, wo sie in Kolonien von mehreren Hundert Tieren leben, und gehen auf Nahrungssuche. Ein Tier trinkt bis zu 30 Minuten an einem Biss und kann dabei so viel Blut aufnehmen, wie es selbst wiegt.

Kynophobie

Angst vor Hunden und Tollwut

Hunde sind gute Freunde vieler Menschen. Doch viele Leute haben auch Angst vor ihnen. Wer unter Kynophobie leidet – vom griechischen *kyon* = Hund –, kann die Anwesenheit von Hunden nicht ertragen und bricht in Panik aus, wenn sich ihm einer nähert. Pech für Kynophobiker: Die Welt ist voll von Hunden.

Achte auf die Signale

Dieser Hund fletscht die Zähne.

Natürliche Aggressivität

Woher kommt die Angst vor Hunden? Natürlich können Hunde durchaus gefährlich sein. Verletzungen durch Hundebisse sind häufig, wenn auch selten tödlich. In Amerika werden pro Jahr rund 4,7 Millionen Menschen von Hunden gebissen. Meist sind die Bisse aber harmlos und müssen nicht ärztlich behandelt werden. In Deutschland gibt es durchschnittlich vier Todesfälle pro Jahr durch Hundebisse.

Ein knurrender Rottweiler

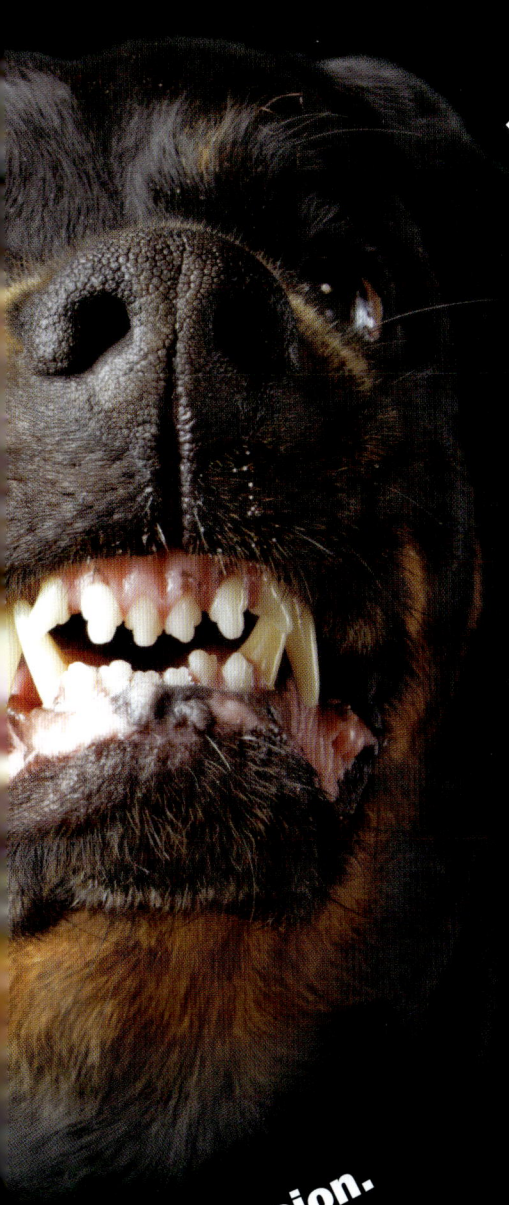

Hunde und Tollwut

Manche Leute, die an Kynophobie leiden, haben gar keine Angst vor Hunden, sondern vor Tollwut. Hunde können diese tödliche Krankheit auf den Menschen übertragen, wenn sie nicht geimpft sind und sich selbst bei einem kranken Tier angesteckt haben.

für Aggression.

Warnsignale

Wenn ein Hund sich bedroht fühlt, kann er gefährlich für uns werden. Achte auf die Warnzeichen, die er aussendet: Er knurrt, seine Nackenhaare stellen sich auf, er bleckt die Zähne, legt die Schnauze in Falten, und sein Schwanz ist entweder starr oder vibriert leicht (er wedelt jedenfalls nicht). Weglaufen ist jetzt verkehrt und fordert nur die Angriffslust des Hundes heraus! Besser ist es, die Arme nah an den Körper zu legen und langsam wegzugehen, ohne dem Hund in die Augen zu schauen.

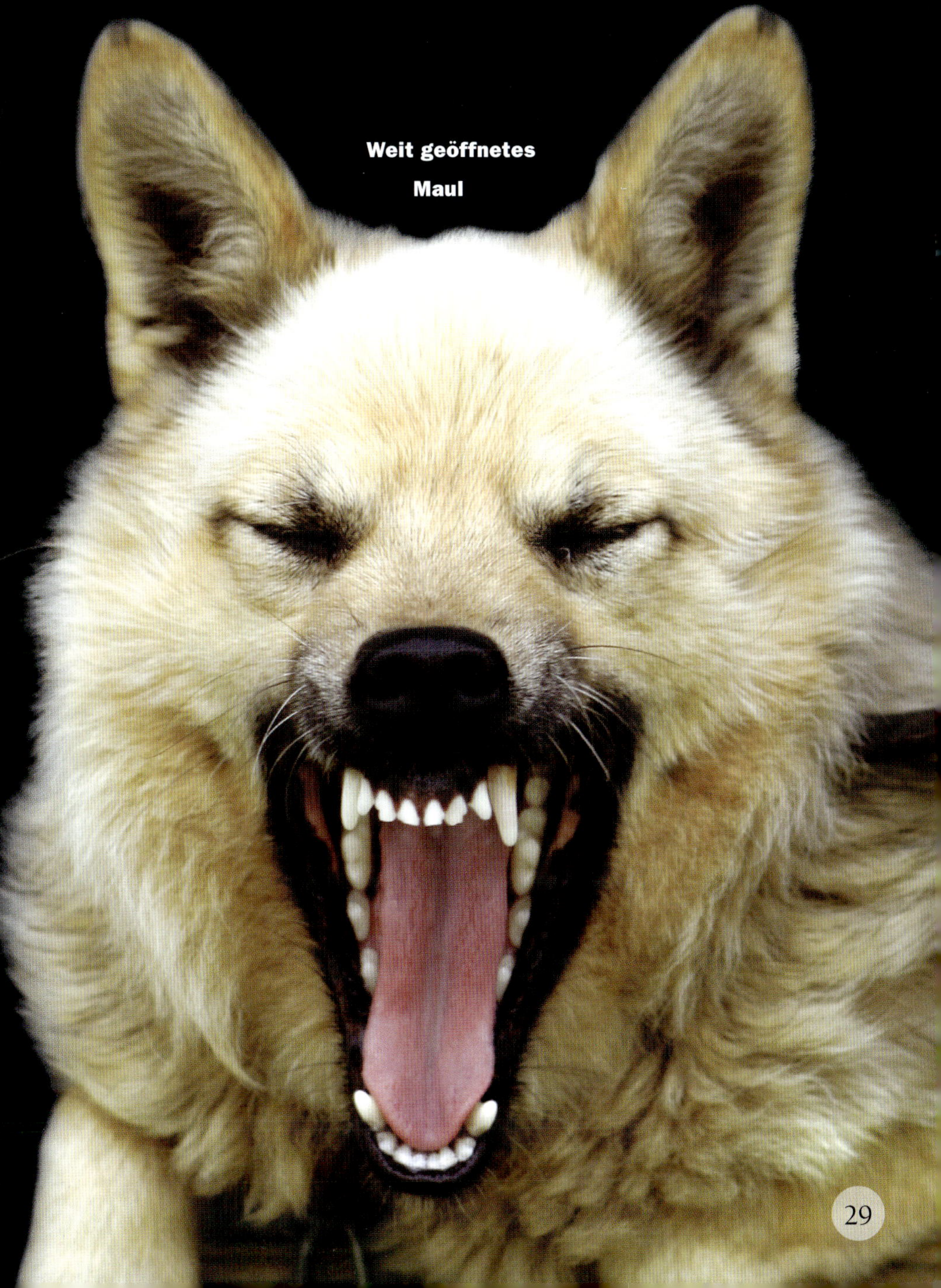

Weit geöffnetes Maul

Aichmophobie

Angst vor spitzen Dingen

Aichmophobie leitet sich ab aus dem griechischen *aichme* = Spitze und bezeichnet die Angst vor allem, was spitz ist, von Nadeln bis zur Spitze des Regenschirms. Sie ist vergleichbar mit Trypanophobie (vom griechischen *trypanon* = Bohrer), der Angst vor Spritzen. Mindestens 10 % der Bevölkerung leiden darunter, manche reagieren sogar mit einer Ohnmacht. Es ist eine der wenigen Phobien, die in seltenen Fällen zum Tod führen können.

Unkontrollierbare Angst

Trypanophobie beginnt gewöhnlich mit einer natürlichen Reaktion des Körpers auf Nadelstiche. Wer darunter leidet, hat keine Kontrolle über diese Körperreaktion. Die Blutgefäße weiten sich schlagartig, und damit sinkt der Blutdruck stark ab. Das kann eine Ohnmacht zur Folge haben.

Ob Tier- oder Pflanzenstachel, beides ist für Aichmophobiker furchterregend.

Wespenstachel

Nicht nur zum Stechen

Viele Wespenarten haben einen stachelförmigen Eiablageapparat, auch Ovipositor genannt. Diese Gebilde können sehr groß sein und erinnern stark an einen spitzen Stachel. Der Ovipositor von *Megarhyssa macrurus*, einer Schlupfwespen-Art, ist mit seinen fast 8 cm Länge ein Albtraum für Aichmophobiker und Trypanophobiker.

Dorniges Problem

Für Aichmophobiker können in der Natur viele Dinge zum Problem werden: Es gibt zahlreiche Pflanzen, die Stacheln oder Dornen tragen, um sich vor dem Gefressenwerden zu schützen. Die längsten bekannten Dornen hat die Kaktusart *Ferocactus emoryi*, die in Mexiko wächst. Kaktusdornen werden durch das Einlagern von Mineralien besonders hart und widerstandsfähig. Ohne ihre Dornen wären Kakteen völlig wehrlos und würden bald von Tieren aufgefressen. Manche Bauern in Amerika brennen die Dornen an den Kakteen auf ihren Feldern ab, damit die Rinder die Pflanzen fressen können.

Stachel einer Honigbiene

Kaktusdorn

Spitzes Hinterteil

Aichmophobiker wollen gar nicht so genau wissen, wie ein Stachel funktioniert. Der sogenannte Stechapparat der Bienen ist z.B. so aufgebaut: An einer Stachelrinne sitzen seitlich zwei Stechborsten mit Widerhaken. Die Stechborsten können sich gegeneinander verschieben, und beim Stich verhaken sie sich im Fleisch des Opfers, sodass mit jeder Bewegung der Stachel immer tiefer hineingezogen wird. Der Stachel der Asiatischen Riesenhornisse ist etwa 6 mm lang.

Nyktophobie

Angst vor der Dunkelheit

Nyktophobie – manchmal auch als Skotophobie bezeichnet – ist die Angst vor Dunkelheit. Abgeleitet sind die Bezeichnungen vom griechischen *nyx* = Nacht bzw. *skotos* = Dunkelheit. Viele Kinder haben Angst vor der Dunkelheit, aber meist vergeht das, wenn sie größer werden. Erwachsene Nyktophobiker verlassen das Haus nie bei Dunkelheit und schlafen nur bei Licht. Auch wenn Nyktophobie eine extreme Reaktion ist, hat die Dunkelheit doch für fast alle Menschen etwas Unheimliches.

Kreaturen der Nacht

Wir Menschen gehören zu den tagaktiven Lebewesen. Für uns kann die Nacht daher etwas Fremdes und Bedrohliches haben, voll von seltsamen Geräuschen, unheimlichen Schatten und merkwürdigen Wesen, die nur nachts aus ihren Verstecken kommen.

Kinnblattfledermaus, auch Schnurrblattfledermaus

Nachtaktive Tiere nutzen im Dunkeln

Schleiereule

Leuchtende Katzenaugen

Kleiner Weinschwärmer

Schwärmer

Schwärmer (eine Gruppe der Motten) können im Dunkeln sehr gut sehen und erkennen selbst bei schwächstem Licht Farben.

spezielle Sinnesorgane.

Orientierung im Dunkeln

Das Hauptproblem in der Nacht ist – die Dunkelheit. Deshalb sind bei nachtaktiven Tieren auch andere Sinne als die Augen sehr gut entwickelt. Fledermäuse etwa stoßen Ultraschall-Laute aus und können mithilfe des Echos Hindernisse oder Beutetiere orten. Andere Tiere, wie Eulen oder Katzen, haben so gute Augen, dass sie auch bei sehr schwachem Licht noch gut sehen können.

Leben in ständiger Gefahr

Unsere Vorfahren taten sich wahrscheinlich in Gruppen zusammen, wenn sie tagsüber unterwegs waren. So erhöhten sie ihre Überlebenschancen, denn einer konnte immer Ausschau nach Gefahren halten. Nachts zogen sich die Menschen in ihre Verstecke und Höhlen zurück; so konnten sie nicht so leicht von Raubtieren überrascht werden.

Schwingen in der Nacht

Diese Erinnerung an das Leben unserer Vorfahren, die noch tief in uns schlummert, erklärt wohl, warum die Nacht noch heute für uns etwas Unheimliches und Bedrohliches hat und warum uns nachtaktive Wesen nicht geheuer sind. So gelten in vielen Kulturen Eulen als Unheilsbringer. Die auf der ganzen Welt verbreitete Schleiereule wird wegen ihres unheimlichen Rufs und ihres lautlosen Gleitflugs in anderen Ländern auch »Geistereule« oder »Todeseule« genannt.

Texas-Nachtschwalbe

Der Nachtfalke

Dieser Vogel, auch Nachtschwalbe genannt, ist vor allem in der Dämmerung aktiv und jagt nach fliegenden Insekten.

Ornitophobie

Angst vor Vögeln

Ornithophobiker (vom griechischen *ornis* = Vogel) haben es wahrlich nicht leicht, denn es gibt weltweit über 9000 Vogelarten! Doch muss man vor Vögeln wirklich Angst haben? Wer schon einmal in einem Raum mit einer verirrten Taube war, weiß, dass das panische Geflatter und Geklecker auch dem Gelassensten den letzten Nerv rauben kann.

Geier

Riesen-schwärme

Zum Glück für Ornitho-phobiker sind Massenangriffe von Vögeln äußerst selten. Wenn, dann attackieren höchstens ein oder zwei Vögel einen Menschen – das nennt man »hassen« oder »Hassverhal-ten«. Vögel tun sich oft in Schwärmen zu-sammen, aber nicht, um Angriffe zu fliegen, sondern, um sich zu schützen. In Dänemark gibt es ein Phänomen namens »Schwarze Son-ne«: So riesige Schwärme von Staren erheben sich in die Luft, dass die Sonne verdunkelt wird. Die heute ausgestorbenen Wandertauben in Nord-amerika zogen in solch großen Schwärmen, dass der Himmel manchmal tagelang schwarz von Vögeln war.

Ein Fraß für die Geier
Geier sind Beutegreifer, doch sie fressen normalerweise nur Aas, also tote Tiere.

Weiße Taube

Bei solchen Vogelschwärmen wird es manch einem mulmig.

Monsterschwingen

Einer der größten Vögel der Welt, der Andenkondor, hat eine Spannweite von rund 3,2 m. Die gute Nachricht für Ornithophobiker: Das ist klein im Vergleich zu den größten Vögeln, die je auf der Erde lebten, den Teratornithiden: Mit einer Flügelspannweite von 7 m und mehr waren sie prähistorische Monster! Sie erreichten fast die Größe eines Leichtflugzeugs – ein Albtraum für Ornithophobiker!

Ein Schwarm Stare versammelt sich.

35

Selachophobie

Angst vor Haien

Die meisten Menschen geraten in Panik, wenn sie beim Schwimmen im Meer einem Hai begegnen. Aber Selachophobiker (vom wissenschaftlichen Namen der Haie, *Selachii*) können nicht einmal ein Bild eines Hais anschauen. Manche trauen sich überhaupt nicht ins Wasser – selbst in Regionen, in denen es so gut wie keine Haie gibt.

Sanfte Riesen

Angriffe von Haien gegen Menschen sind selten: Im Jahr tragen sich weltweit 60 bis 100 zu, und nur wenige Menschen kommen dabei zu Tode. Die größte Hai-Art ist mit rund 12 m der Walhai. Doch gerade er ist für Menschen völlig harmlos, denn er frisst nur Plankton und Fisch.

Der Weiße Hai

Die meisten tödlichen Unfälle passieren mit Weißen Haien. Der Weiße Hai kann eine Größe von bis zu zwei Dritteln eines Busses erreichen und schwimmt bis zu 24 km/h schnell. Einen Tropfen Blut kann er auf eine Entfernung von rund 5 km riechen!

Walhai

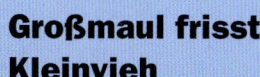

Riesenmaulhai

Großmaul frisst Kleinvieh

Der Riesenmaulhai wurde erst in den 1970er-Jahren entdeckt. Er wird über 5 m lang. Trotz seiner Größe ernährt er sich nur von kleinen Fischen und Krebsen.

Vor diesen »Meeresungeheuern« muss niemand Angst haben.

Der Walhai strudelt Nahrung in sein riesiges Maul.

Nirgends sicher

Wenn ein Selachophobiker glaubt, beim Schwimmen im Fluss ist er vor Haien sicher, irrt er sich: Der Bullen- oder Stierhai – eine der gefährlichsten und angriffslustigsten Arten und bis zu 3,5 m lang – verträgt auch Süßwasser und schwimmt schon mal Flüsse hinauf. Stierhaie können Stromschnellen überwinden und so Binnenseen erreichen und wurden schon mehrere Tausend Kilometer landeinwärts gesichtet. Der Weiße Hai reißt einem Menschen oft nur ein Stück Fleisch heraus und schwimmt dann weg – Stierhaie dagegen fressen ihre Beute ganz auf.

Gegenwehr ist ratsam

Wenn ein Selachophobiker auf einen Hai trifft, sollte er wissen, wie er sich verhalten muss. Fachleute raten dazu, sich keinesfalls tot zu stellen, sondern dem Tier fest auf seine empfindlichsten Körperteile zu schlagen: Schnauze, Kiemen oder Augen.

Aquaphobie

Angst vor Wasser

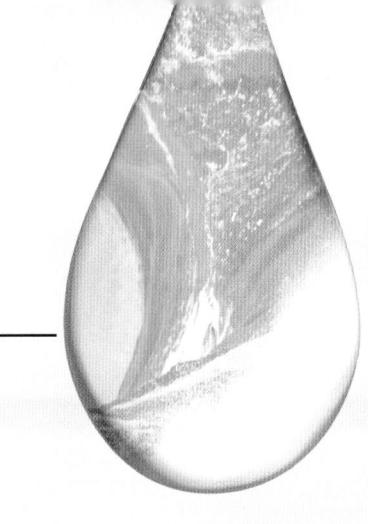

Diese Phobie kann verschiedene Formen annehmen: Manche Menschen haben nur Angst vor tiefem Wasser, andere können nicht einmal in eine Badewanne steigen. Am häufigsten ist die Angst, den Kopf unter Wasser zu stecken, vor allem die Nase oder die Ohren. Kinder haben häufig solche Ängste, verlieren sie aber, wenn sie heranwachsen.

Selbst stilles, unbewegtes Wasser kann einen Aquaphobiker ängstigen.

In der Regel sind die Namen für Phobien von den entsprechenden griechischen Wörtern abgeleitet. In diesem Fall aber kommt er aus dem Lateinischen, von *aqua* = Wasser. Sonst würde es Hydrophobie heißen; doch mit diesem Wort beschreiben Ärzte schon etwas anderes, nämlich das Symptom, dass Menschen, die an Tollwut erkrankt sind, Wasser meiden. Verwandt ist die Thalassophobie, die Angst vor dem Meer.

Regenschirm nicht vergessen!

Der schlimmste Platz der Welt für einen Aquaphobiker ist vermutlich der Berg Waialeale auf Hawaii. Dort regnet es an durchschnittlich 335 Tagen im Jahr. Ein Albtraum könnte auch die kleine Pazifikinsel Tuvalu sein, die nur 4,5 m über dem Meeresspiegel liegt. Wohler fühlen sich Aquaphobiker wahrscheinlich in Arica (Chile): Hier gibt es im Schnitt nur alle sechs Jahre einen Regentag.

Ein Boot schaukelt in ruhigem Wasser.

Dicke Regentropfen können Stress bedeuten ...

Sogar ein Film kann bei einem Aquaphobiker eine Reaktion hervorrufen.

... ebenso das Tosen von brechenden Wellen.

Riesenwellen

Riesenwellen oder Tsunamis sind vermutlich das Allerschlimmste für Aquaphobiker. Wellen entstehen, indem der Wind das Wasser auf der Meeresoberfläche bewegt. Da 71 % der Erdoberfläche von Wasser bedeckt sind, gibt es genügend Platz, um auch große Wellen zu bilden. Monsterwellen treten urplötzlich auf und können bis zu 30 m hoch werden, das ist die Größe eines zehnstöckigen Hauses! Zum Glück sind Monsterwellen selten. Erdbeben und Bergrutsche können ebenfalls große Wellen erzeugen, die wir Tsunamis nennen. Der höchste je dokumentierte Tsunami ereignete sich 1958 in Alaska, mit bis zu 520 m Höhe.

Wellenalarm
Riesige Wellen können einem Aquaphobiker Angst einjagen, sei es auf dem offenen Meer oder an der Küste.

Große Wellen brechen sich an der Küste.

Aquaphobie kann dadurch ausgelöst werden, dass man nass gespritzt oder ins Wasser gestoßen wird.

Apiphobie und Spheksophobie

Angst vor Bienen und Wespen

Wespen fressen Schädlinge.

Vespula maculifrons, eine Kurzkopfwespen-Art

Bezogen auf Todesfälle durch Stiche sind Bienen und Wespen mit die gefährlichsten Tiere der Welt! In Deutschland sterben pro Jahr 10–50 Menschen an einem Stich; in der Regel, weil sie allergisch sind und mit einem sogenannten anaphylaktischen Schock reagieren: Dies führt zu Atem- und Herzstillstand. Doch nur ein kleiner Teil der Allergiker reagiert so heftig; außerdem kann man ein Gegenmittel bei sich tragen.

Zum Fürchten

Wenn Bienen und Wespen so gefährlich sind, warum sind wir dann nicht alle Apiphobiker oder Spheksophobiker (lateinisch *apis* = Biene; griechisch *sphes* = Wespe)? Selbst in einem Land wie den USA, wo es viele Gift-schlangen gibt, ist es wahrscheinlicher, an einem Bienen-stich zu sterben als an einem Schlangenbiss. Und ein ana-phylaktischer Schock führt erschreckend schnell zum Tod.

Fleißige Helfer

Tatsächlich gibt es keinen Grund zur Panik, wenn sich ei-ne Wespe oder Biene nähert, denn die Insekten stechen nur selten, wenn man sie nicht reizt. Und wir sind auf sie angewie-sen! Bienen stellen Honig her und bestäuben die Pflanzen, von denen wir uns ernähren. Wespen halten Schädlinge in Schach.

Bienen bestäuben Pflanzen.

Rotpelzige Sandbiene

Die schwarz-gelben Streifen sind Warnfarben für Feinde.

Killerbienen und Riesenhornissen

Dennoch sind nicht alle Bienen und Wespen nützlich für uns. Die Afrikanisierte Honigbiene, auch Killerbiene genannt, ist eine angriffslustige Art, die inzwischen in weiten Teilen Amerikas verbreitet ist. Sie greift Menschen schon auf 30 m Entfernung an und verfolgt sie mehrere Hundert Meter weit!

Mit Bienengift kann man Arthritis lindern.

Hornisse

Nur weg hier!

Die meisten Menschen schaffen es, Killerbienen zu entkommen, da diese nicht so schnell fliegen. Am besten macht man also den Mund zu, schützt seine Augen und rennt los! Versuch nicht, unter Wasser zu tauchen, denn der Bienenschwarm wartet, bis du wieder auftauchst.

Entomophobie

Angst vor Insekten

Das Wort Entomophobie leitet sich vom griechischen *entomon* ab, was »das Eingeschnittene, Gegliederte« bedeutet. Dies beschreibt den Körperbau von Insekten. Entomophobie, die Angst vor Insekten, ist weit verbreitet. Kein Wunder, wenn man bedenkt, wie viele Krabbeltiere es auf der Welt gibt! Würde man sie alle gemeinsam auf die Waage legen, wögen sie mehr als alle anderen Tiere zusammen.

Hirschkäfer

Raupe der Gattung *Acharia*, einer Mottengruppe

Grausliches Gewimmel

Entomophobiker haben es schwer, denn die Welt ist voll von Insekten. Zum Glück werden die Krabbeltierchen wenigstens nicht so groß, denn ihre speziellen Atemorgane setzen dem Wachstum Grenzen. Der größte bekannte Käfer, der Riesenbockkäfer, misst fast 18 cm. Wenn er größer wäre, könnte er nicht mehr atmen.

Stachliger Geselle

Die Stacheln und die kräftigen Farben dieser Raupe der Mottengattung *Acharia* schrecken Feinde ab.

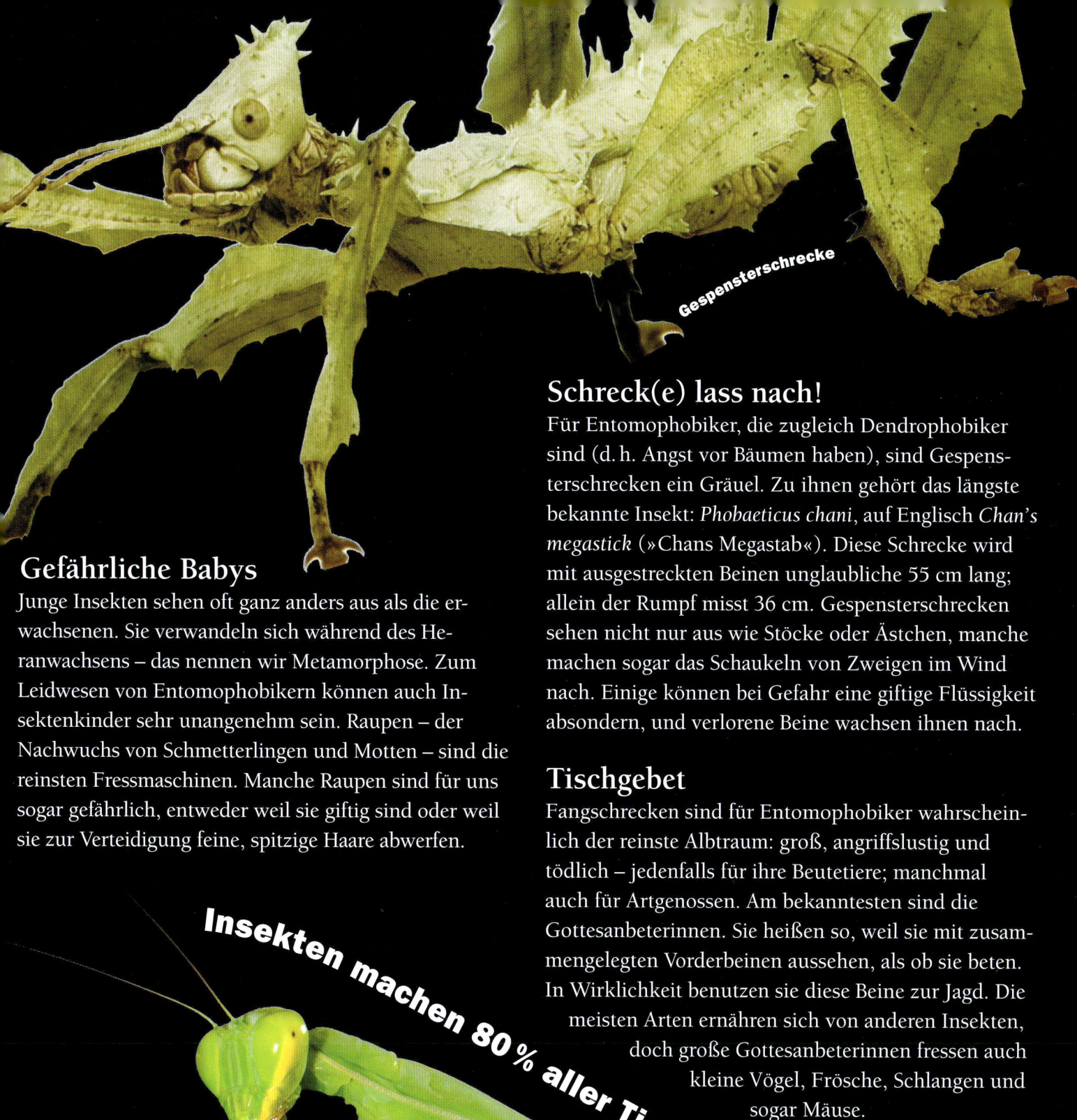

Gespensterschrecke

Gefährliche Babys

Junge Insekten sehen oft ganz anders aus als die erwachsenen. Sie verwandeln sich während des Heranwachsens – das nennen wir Metamorphose. Zum Leidwesen von Entomophobikern können auch Insektenkinder sehr unangenehm sein. Raupen – der Nachwuchs von Schmetterlingen und Motten – sind die reinsten Fressmaschinen. Manche Raupen sind für uns sogar gefährlich, entweder weil sie giftig sind oder weil sie zur Verteidigung feine, spitzige Haare abwerfen.

Schreck(e) lass nach!

Für Entomophobiker, die zugleich Dendrophobiker sind (d. h. Angst vor Bäumen haben), sind Gespensterschrecken ein Gräuel. Zu ihnen gehört das längste bekannte Insekt: *Phobaeticus chani*, auf Englisch *Chan's megastick* (»Chans Megastab«). Diese Schrecke wird mit ausgestreckten Beinen unglaubliche 55 cm lang; allein der Rumpf misst 36 cm. Gespensterschrecken sehen nicht nur aus wie Stöcke oder Ästchen, manche machen sogar das Schaukeln von Zweigen im Wind nach. Einige können bei Gefahr eine giftige Flüssigkeit absondern, und verlorene Beine wachsen ihnen nach.

Tischgebet

Fangschrecken sind für Entomophobiker wahrscheinlich der reinste Albtraum: groß, angriffslustig und tödlich – jedenfalls für ihre Beutetiere; manchmal auch für Artgenossen. Am bekanntesten sind die Gottesanbeterinnen. Sie heißen so, weil sie mit zusammengelegten Vorderbeinen aussehen, als ob sie beten. In Wirklichkeit benutzen sie diese Beine zur Jagd. Die meisten Arten ernähren sich von anderen Insekten, doch große Gottesanbeterinnen fressen auch kleine Vögel, Frösche, Schlangen und sogar Mäuse.

Insekten machen 80 % aller Tierarten auf der Welt aus.

Grüne oder Afrikanische Gottesanbeterin

Fangschrecken sind verwandt mit Küchenschaben und Termiten. Die Grüne Gottesanbeterin kann bis zu 9 cm lang werden.

Grüne oder Afrikanische Gottesanbeterin

Clithrophobie

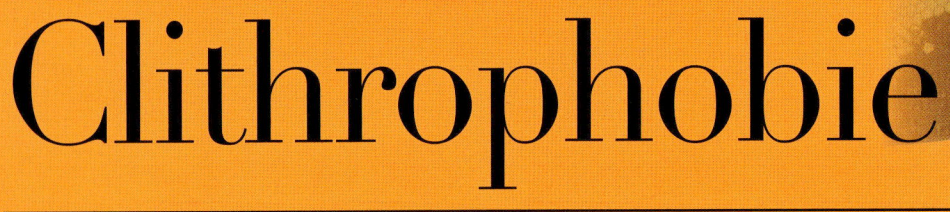

Angst vor dem Eingesperrtsein

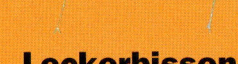

Eine Radnetzspinne mit einer Libelle

Clithro- oder Cleithrophobie kommt vom griechischen *kleithron* = Schloss, Riegel. Es bezeichnet die Angst davor, eingesperrt, eingeklemmt oder in einem engen Raum gefangen zu werden – eine spezielle Form der Klaustrophobie. Die schlimmste Vorstellung für einen Clithrophobiker ist es, lebendig begraben zu werden.

Leckerbissen

Eine Radnetzspinne versetzt ihrem Beutetier, einer Libelle, den Giftbiss, bevor sie es in Seide einwickelt. Das Opfer stirbt einen langsamen Tod.

Clithrophobiker fürchten sich davor, eingeklemmt zu sein und dann langsam und qualvoll sterben zu müssen. Wer unter dieser Angst leidet, möchte von allen Tieren vermutlich einer *Boa constrictor*, einem Python oder einer Anakonda am wenigsten begegnen. Diese großen Schlangen lähmen und töten ihre Beute nicht durch einen Giftbiss, sondern erdrücken sie mit ihrem großen, kräftigen und muskulösen Körper. Sobald das Opfer sich nicht mehr regt, hängt die Schlange ihre Kiefer aus und schluckt das Tier in einem Stück. Manchmal lebt es dabei noch …

Riesenschlangen

Die längste Schlange in Gefangenschaft war laut Guinness-Buch ein Netzpython im Zoo von Columbus (Ohio). Er war über 7 m lang. 2008 entdeckten Forscher das Fossil einer Schlange, die sie *Titanoboa* nannten. Sie maß fast 15 m und war damit so lang wie ein Bus. Ihr Zuhause war der Regenwald im Nordosten Kolumbiens. Sie hätte ohne Weiteres ein Krokodil verschlingen können.

Schlangen können Eier im Ganzen verschlingen.

Eine Afrikanische Eierschlange verschluckt ein Ei im Ganzen.

Seidige Todesfalle

Ein noch grausameres Schicksal ist es wohl, in die Gefangenschaft einer Spinne zu geraten. Mithilfe ihrer Spinnseide fangen Spinnen Insekten und andere kleine Tiere und wickeln sie
ein. Aus dieser Falle gibt es kein Entkommen mehr – Spinnseide ist fünfmal so reißfest wie ein Draht der gleichen Dicke.
Um die Beute zu fangen, machen Spinnen ihre Seidenfäden
klebrig. Diese Fäden lassen sich lang ausziehen, ohne zu rei-
ßen. Das Beutetier wird eingewickelt, dann injiziert
die Spinne ihr Gift. Dieses verflüssigt das Insekt,
sodass die Spinne es ausschlürfen kann.

Eine Spinne wickelt ihre Beute in Seidenfäden ein.

Spinnen sind Fallensteller – das Opfer hat
keine Chance zu entkommen.

45

Musophobie

Angst vor Mäusen und Ratten

Musophobie oder Murophobie (lateinisch *mus* = Maus) ist die krankhafte Angst vor Mäusen und Ratten. Sie gehört zu den häufigsten Phobien – eigentlich nicht überraschend, denn Mäuse und Ratten begleiten den Menschen schon seit Urzeiten: Wo Menschen leben, gibt es auch Nagetiere.

Ein Nest junger Mäuse

Uralte Angst

Die Angst vor Mäusen geht wahrscheinlich auf die Zeit zurück, als die Menschen von Jägern und Sammlern zu sesshaften Ackerbauern wurden. Die Nahrungsmittelvorräte, die man nun anlegte, lockten hungrige Mäuse und Ratten an.

Fruchtbare Nager

Ein Mäuseweibchen kann im Jahr 25–60 Junge zur Welt bringen. Schon mit sechs bis zehn Wochen können die jungen Weibchen sich wiederum fortpflanzen.

Mäuse und Ratten können Krankheiten übertragen und Lebensmittelvorräte zerstören.

Weißfußmaus

Sogenannte Schädlinge gibt es überall, wo Menschen leben.

Auf Tuchfühlung

Auch heute noch leben Nager in unseren Städten. Es heißt, dass man bei uns nie weit von einer Ratte oder Maus entfernt ist, doch viele Fachleute halten dies für Unsinn. Möglicherweise aber gibt es ähnlich viele Ratten auf der Welt wie Menschen. Angeblich passiert etwas Seltsames, wenn viele Ratten auf sehr engem Raum zusammenleben: Die Schwänze mehrerer Tiere sollen sich miteinander verknoten und es entsteht ein sogenannter »Rattenkönig«. Niemand weiß, was dahintersteckt und ob es stimmt. Doch für einen Musophobiker wäre es ein entsetzlicher Anblick.

Der Schwarze Tod

Im Mittelalter suchte eine schreckliche Krankheit die Menschen in Europa heim: die Pest. Mehr als ein Drittel der Menschen fielen ihr damals zum Opfer, manchmal starben ganze Dörfer aus. Dennoch gab es damals vermutlich kaum mehr Musophobiker als heute, denn man wusste noch nicht, dass es Ratten waren, die den Tod brachten: Der Erreger der Pest ist ein Bakterium, das in Rattenflöhen lebt. Doch damals hielt man die Krankheit für eine Strafe Gottes oder schrieb sie »üblen Dünsten« in der Luft zu. Ihren schlechten Ruf als Krankheitsüberträger bekamen die Ratten erst viel später.

Hausmaus

Waldmaus

Elefanten und Mäuse
Das Gerücht, dass Elefanten Angst vor Mäusen hätten, geht auf den römischen Schriftsteller Plinius den Älteren zurück. Im Jahr 77 schrieb er: »Von allen Kreaturen können Elefanten Mäuse am wenigsten ausstehen.«

Clinophobie

Angst vor dem Zubettgehen

Das Wort Clinophobie kommt vom griechischen *klinein* = sich hinlegen (vgl. unser Wort »Klinik«). Eigentlich ist ein Bett etwas Schönes und Gemütliches und ein Platz zum Ausruhen und Sich-Erholen. Doch für Clinophobiker wird die Aussicht, sich ins Bett zu legen, zum Albtraum. Der Grund ist nicht das Bett selbst, sondern die Angst davor, was passieren wird, sobald sie schlafen. Die Clinophobie kann sich so steigern, dass die Betroffenen nicht mehr schlafen können. Und das führt zu ernsthaften gesundheitlichen Problemen.

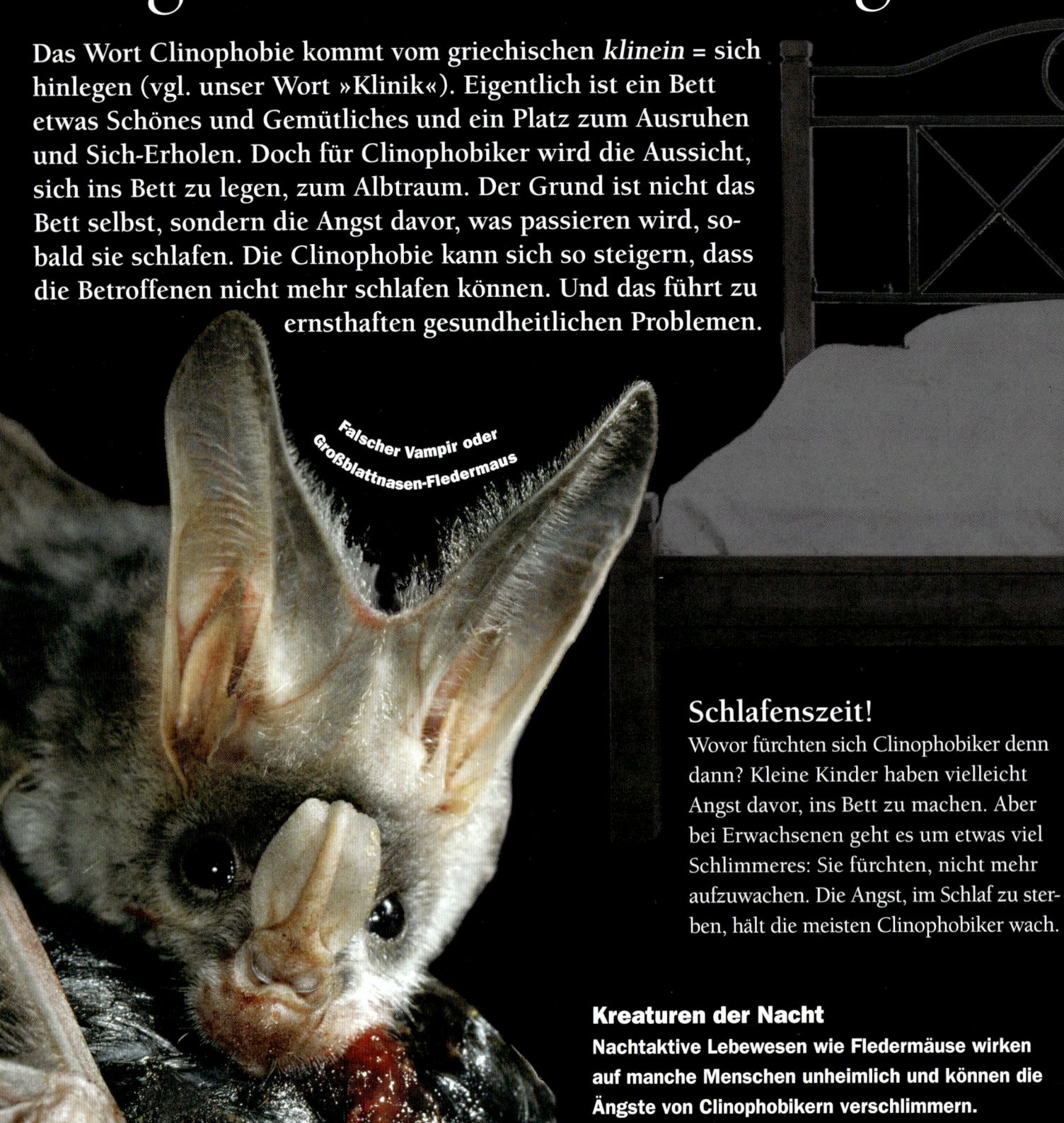

Falscher Vampir oder Großblattnasen-Fledermaus

Schlafenszeit!

Wovor fürchten sich Clinophobiker denn dann? Kleine Kinder haben vielleicht Angst davor, ins Bett zu machen. Aber bei Erwachsenen geht es um etwas viel Schlimmeres: Sie fürchten, nicht mehr aufzuwachen. Die Angst, im Schlaf zu sterben, hält die meisten Clinophobiker wach.

Kreaturen der Nacht
Nachtaktive Lebewesen wie Fledermäuse wirken auf manche Menschen unheimlich und können die Ängste von Clinophobikern verschlimmern.

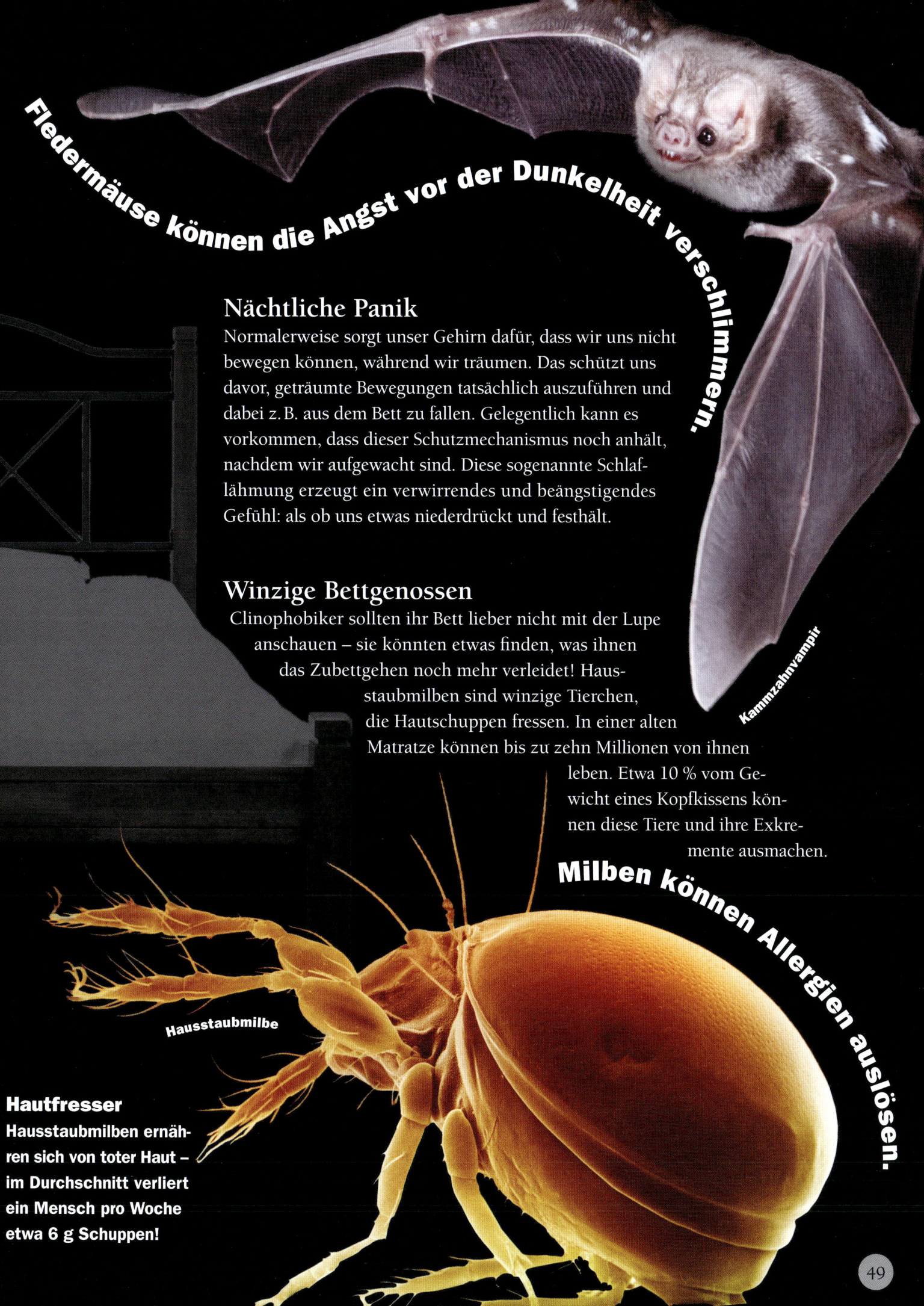

Nächtliche Panik

Normalerweise sorgt unser Gehirn dafür, dass wir uns nicht bewegen können, während wir träumen. Das schützt uns davor, geträumte Bewegungen tatsächlich auszuführen und dabei z. B. aus dem Bett zu fallen. Gelegentlich kann es vorkommen, dass dieser Schutzmechanismus noch anhält, nachdem wir aufgewacht sind. Diese sogenannte Schlaflähmung erzeugt ein verwirrendes und beängstigendes Gefühl: als ob uns etwas niederdrückt und festhält.

Winzige Bettgenossen

Clinophobiker sollten ihr Bett lieber nicht mit der Lupe anschauen – sie könnten etwas finden, was ihnen das Zubettgehen noch mehr verleidet! Hausstaubmilben sind winzige Tierchen, die Hautschuppen fressen. In einer alten Matratze können bis zu zehn Millionen von ihnen leben. Etwa 10 % vom Gewicht eines Kopfkissens können diese Tiere und ihre Exkremente ausmachen.

Kammzahnvampir

Milben können Allergien auslösen.

Hausstaubmilbe

Hautfresser
Hausstaubmilben ernähren sich von toter Haut – im Durchschnitt verliert ein Mensch pro Woche etwa 6 g Schuppen!

Mottephobie

Angst vor Motten

Ausnahmsweise nicht aus dem Griechischen oder Lateinischen kommt der Name für die Angst vor Motten – die Mottephobie. Warum haben Mottephobiker so viel Angst vor diesen kleinen Schmetterlingen? Vielleicht ist es die Kombination aus ihrem Aussehen, ihren Lebensgewohnheiten und dem, was die Mythologie über diese Tiere erzählt.

Haariger Horror

Tagschmetterlinge sind bunt und hübsch und nachts nicht zu sehen. Motten aber sind nachaktiv, haben düstere Farben und sind stark behaart. Weil sie nur nachts herauskommen, werden Motten in vielen Ländern mit Dunkelheit und Tod in Verbindung gebracht.

Anziehendes Licht

In der Dunkelheit fliegen Motten auf jede Lichtquelle zu und umschwirren sie. Warum sie vom Licht angezogen werden, weiß man nicht. Manche Leute glauben, sie halten unsere künstlichen Lichter für den Mond und fliegen darauf zu. Vielleicht kann die Wissenschaft diese Frage eines Tages beantworten.

Eine Pfauenspinner-Art der Gattung Cecropia

Pfauenspinner

Mit ihrem walzenförmigen, haarigen Körper ist diese Motte der Albtraum jedes Mottephobikers.

Viele Mottenarten haben seltsame Muster auf den Flügeln.

Eine Pfauenspinner-Art

Mittlerer Weinschwärmer

Ah, dieser Duft!

Mottephobiker graust es vor den fedrigen Fühlern (Antennen) der meisten Motten. Doch für die Tiere sind es wichtige Sinnesorgane. Je fiedriger die Antenne, umso besser können Motten bestimmte Stoffe riechen, die ihre Partnertiere absondern. So kann ein Männchen ein Weibchen auf über 10 km Entfernung wahrnehmen!

Abschreckung

Motten sind die Nahrung von Fledermäusen und Vögeln. Manche haben deshalb, wie der Nagelfleck (unten), große Augenflecken auf den Flügeln, um Fressfeinde abzuschrecken.

Nagelfleck

Nagelfleck

Die Antennen dieser Pfauenspinner-Art sehen aus wie Hasenohren. Damit orten sie ihre Paarungspartner.

51

Bufonophobie und Ranidaphobie

Angst vor Kröten und Fröschen

Frösche und Kröten sind nah miteinander verwandt. Die Namen für die Phobien leiten sich von der jeweils häufigsten Gattung beider Gruppen ab: *Bufo* (Echte Kröten) und *Rana* (Echte Frösche). Kröten sind mehr gefürchtet als Frösche, doch viele Leute mögen beide nicht. Wie alle Amphibien müssen Frösche und Kröten sich stets feucht halten. Deshalb sondert ihre Haut Schleim ab, was sie glitschig macht. Kröten haben zudem noch Warzen, was Bufonophobiker zusätzlich abstoßend finden.

Kröte mit bunter Zeichnung – Bufonophobiker finden die Haut von Fröschen und Kröten abstoßend.

Mysteriöse Kreaturen

Frösche und Kröten kommen uns unheimlich vor, denn tagsüber und bei trockenem Wetter verstecken sie sich unter Steinen, in der Erde oder im Wasser. Nachts und bei Regen tauchen sie plötzlich aus allen möglichen dunklen Winkeln auf.

Ammenmärchen

Wegen ihres mit Warzen übersäten Körpers (meist in Wirklichkeit Schleimdrüsen) ist der Glaube verbreitet, man könne Warzen bekommen, wenn man eine Kröte anfasst. Das ist Unsinn.

Weitspringer

Frösche können bis zum Zehnfachen ihrer Körperlänge springen. Auf uns Menschen übertragen, wären das rund 17 m.

Frösche gibt es von braun bis grün in allen Farbabstufungen.

Giftige Gesellen

Ein wirklicher Grund, sich vor Fröschen und Kröten zu fürchten, ist, dass manche Arten giftig sind. Damit wehren sie sich gegen Fressfeinde; manche Frösche schützen so außerdem ihre Haut vor krank machenden Bakterien. Ein bestimmtes Froschgift namens Batrachotoxin ist eines der tödlichsten Gifte, die wir kennen. Schon eine kleine Menge genügt, um einen Menschen zu töten. Zum Unglück der südamerikanischen Pfeilgiftfrösche macht ihre Verteidigungsstrategie sie sehr interessant für menschliche Jäger: Sie präparieren ihre Pfeile mit dem Sekret der Frösche, das sie ihnen vom Rücken kratzen.

Welt voller Frösche

Frösche und Kröten gibt es auf allen Kontinenten der Welt außer der Antarktis – zum Leidwesen von Bufono- und Ranidaphobikern. In nördlichen Regionen leben Arten, denen auch Minustemperaturen nichts ausmachen, weil sie eine Art Frostschutzmittel im Blut haben. In der australischen Wüste kann der Wasserreservoirfrosch in seiner Höhle extrem trockene Zeiten überstehen – bis zu sieben Jahre lang kann er so auf Regen warten!

Die Aga-Kröte sondert aus Drüsen am Hinterkopf Gift ab.

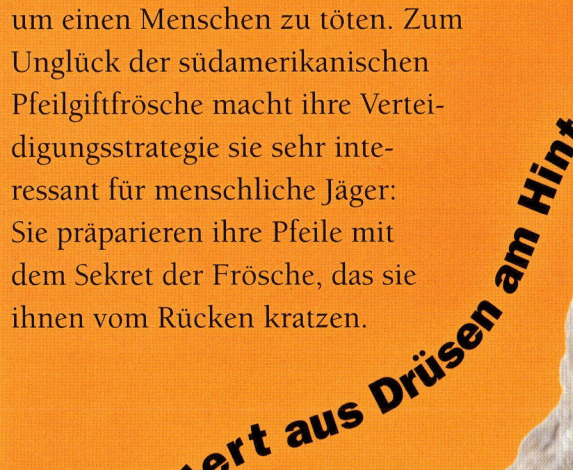

Aga-Kröte

Megalophobie

Angst vor großen Dingen

Ein Buckelwal springt aus dem Wasser.

Afrikanischer Elefant

Megalophobie (von griechisch *megas* = groß) ist mehr als nur die Angst vor großen Dingen. Megalophobiker empfinden große Gegenstände als bedrohlich oder haben das Gefühl, dass die gewaltige Größe eines Gegenstands oder einer Landschaft ihre normalen Vorstellungen von Größenverhältnissen sprengt. Sie fühlen sich dann im Vergleich dazu winzig und hilflos. Sogar Bilder von großen Gegenständen wie Eisbergen oder Kreuzfahrtschiffen können Angst auslösen.

Attacke!
Wenn ein 6 oder 7 t schwerer Elefant auf dich zurennt, musst du kein Megalophobiker sein, um Angst zu bekommen!

Giganten der Natur

Megalophobie bezieht sich in der Regel auf große Dinge, die der Mensch geschaffen hat. Doch auch die Natur ist voll von Dingen, die einen Megalophobiker in Angst und Schrecken versetzen können. Die Menschheit hat viele große Tiere (die Megafauna) auf der Erde ausgerottet, z. B. den Moa, einen flugunfähigen Vogel. Doch eines der größten Tiere, die je gelebt haben, schwimmt noch heute in den Weltmeeren: der Blauwal.

Laut und hungrig

Auch wenn man kein Megalophobiker ist, flößt einem der Blauwal Respekt ein. Er kann über 30 m lang und rund 180 t schwer werden. Allein seine Zunge wiegt so viel wie ein ganzer Elefant! Und doch fressen diese Giganten nur Krill, eine kleine Krebsart – davon aber mehr als 3,5 t pro Tag. Blauwale können über 100 Jahre alt werden, schneller als 30 km/h schwimmen und so laut rufen, dass man es mehr als 1500 km weit hört.

Riesenbaum
Im Redwood National Park in Kalifornien steht das größte Lebewesen der Welt: Ein Riesenmammutbaum namens *Hyperion*. Er ist fast 116 m hoch.

Autophobie

Angst vor dem Alleinsein

Autophobie ist nicht etwa die Angst vor Autos. Vielmehr kommt das Wort vom griechischen *autos* = selbst. (Ein anderer Name ist Monophobie, von *monos* = allein.) Gemeint ist die Angst vorm Alleinsein sowie vor sich selbst. Der berühmteste Kandidat für Autophobie dürfte Lonesome George (»Einsamer Georg«) sein, das vermutlich letzte lebende Exemplar einer Riesenschildkröten-Art. Er stammt von der Galápagos-Insel Pinta und wartet schon ewig auf ein Weibchen, doch auf der Insel lebt wahrscheinlich kein einziges mehr.

Herdentrieb

Wenn Autophobiker sich aussuchen dürften, welches Tier sie sein wollen, hätten sie große Auswahl unter gesellig lebenden Tieren. So leben viele herbivore (pflanzenfressende) Säugetiere in Herden, um besser geschützt zu sein. Zebras bilden kleine Familiengruppen, doch viele davon tun sich wiederum zu Herden zusammen, die Tausende Tiere umfassen können.

Zebraherde

Jede Menge Bienen

Ein Bienenvolk oder -staat kann aus bis zu 50 000 Tieren bestehen. Bei der Größe hat eine Biene wohl kaum die Möglichkeit, zum Autophobiker zu werden. Erst recht nicht in Ameisen- oder Termitenstaaten: Diese können bis zu eine Million Tiere umfassen. Die größte Gruppe von Tieren auf der Welt aber ist vermutlich ein Schwarm Heringe im Atlantik, der auf bis zu zehn Millionen Fische geschätzt wird.

Honigbienen

Der Zug der Rentiere

Rentiere leben in Herden von bis zu 500 000 Tieren! Jahr für Jahr wandern sie über eine Entfernung von mehr als 2500 km. Autophobiker würden sicherlich auch gerne mit einem der Bäume in der russischen Taiga tauschen, wo viele Rentiere zu Hause sind. Ein Baum in der Taiga – einer der größten Wälder der Welt – ist in der Gesellschaft von Milliarden von Nachbarn.

Rentiere sammeln sich zur Wanderung.

Ailurophobie

Angst vor Katzen

Das griechische Wort *ailouros* für Katze ist Namengeber für diese Phobie, die Angst vor Katzen. Schon das Bild einer Katze zu betrachten, führt bei Ailurophobikern zu Schweißausbrüchen. Wenn eine echte Katze auf sie zukommt, beginnen sie zu hyperventilieren (schnell und flach zu atmen) und bekommen Herzrasen, Atemnot und andere Paniksymptome. Was haben Katzen an sich, das solche Angst auslösen kann?

Bewährte Mäusefänger

Katzen sind schon lange Begleiter des Menschen. Als unsere Vorfahren begannen, Ackerbau zu betreiben, mussten sie nach jeder Ernte große Mengen Korn lagern. Doch dies zog Mäuse und Ratten an, bei deren Bekämpfung Katzen sich als nützlich erwiesen. Im alten Ägypten galten Katzen als heilige Tiere und wurden nach ihrem Tod einbalsamiert.

Hexen-Haustier

Im Aberglauben spielten besonders schwarze Katzen eine Rolle – vielleicht, weil Schwarz die Farbe der Nacht und des Todes ist. Einer schwarzen Katze zu begegnen, soll Unglück bringen. Und Hexen werden meist mit einer schwarzen Katze als Begleiterin dargestellt.

Gähnende Hauskatze

Katzen zu ignorieren, ist der beste Weg, sie anzulocken!

Schön weit aufmachen
Gähnen bedeutet für Katzen: »Ich bin entspannt.« Eine nervöse Katze anzugähnen, kann beruhigend auf sie wirken.

Sibirischer Tiger

König des Dschungels
Tiger sind vom Aussterben bedroht, da wir Menschen sie jagen und ihren Lebensraum zerstören.

Lauf um dein Leben!
Wer von einem Tiger verfolgt wird, wird zwangsläufig zum Ailurophobiker. Tiger können schwimmen, schnell laufen und bis zu 4,5 m hoch springen. Ein ausgewachsenes Männchen wiegt bis zu 300 kg. Angeblich sollen sie schon ausgewachsene Bären geschlagen und aufgefressen haben! Trotz allem sind Tiger wenig angriffslustig und halten sich eher im Verborgenen. Nur Tiere, die sich bedroht fühlen oder zu alt oder zu schwach sind, um ihre normale Beute zu jagen, greifen Menschen an.

Selbst spielende Kätzchen machen einem Ailurophobiker Angst.

Mächtiger Tiger
Wenn Ailurophobiker Angst vor unseren Hauskatzen haben, wie schrecklich muss für sie dann erst die Vorstellung ihrer wild lebenden »großen« Verwandten sein! Schließlich gehören sie zu den gefährlichsten Raubtieren überhaupt. Die größte Raubkatze, der Sibirische Tiger, hat gewaltige Reißzähne. Dank seiner kräftigen, muskelbepackten Vorderbeine kann er ein Reh oder einen Wolf mit einem einzigen Prankenhieb töten.

Junge Katzen üben kämpfen.

Ängste vor Schmutz und Unordnung

Angst vor Schmutz und Unordnung kann ein Symptom für eine ernsthafte psychische Erkrankung sein, die wir Zwangsneurose nennen. Aber nicht jeder, dem es vor Schmutz und Verwesung graut, ist krank. Eine solche Abneigung ist zunächst etwas Natürliches, denn so vermeiden wir, krank zu werden. Doch wahrscheinlich ist es auch schlecht für unser Immunsystem (die Fähigkeit unseres Körpers, Krankheiten abzuwehren), wenn wir Schmutz völlig vermeiden.

Ataxophobie

Ataxophobie ist die Angst vor Unordnung. Das Wort kommt vom griechischen *ataxia* = Unordnung. Wir Menschen haben es in unserer Umgebung gern sauber und ordentlich. Tiere aber haben weniger Sinn für »Ordnung«. Ataxophobiker besuchen sicherlich nicht gern die Schimpansen im Zoo: Die sind nämlich dafür bekannt, dass sie mit ihrem Kot herumwerfen.

Automysophobie

Dies ist die Angst davor, sich schmutzig zu machen; abgeleitet von den griechischen Wörtern *autos* = selbst und *mysos* = Ekel. Es geht dabei weniger um Schmutz an sich als um das Schmutzigwerden. Automysophobiker sollten die Begegnung mit Nilpferden vermeiden: Sie suhlen sich den ganzen Tag im Matsch von Flussufern oder Schlammlöchern.

Nilpferde suhlen sich gerne im Schlamm.

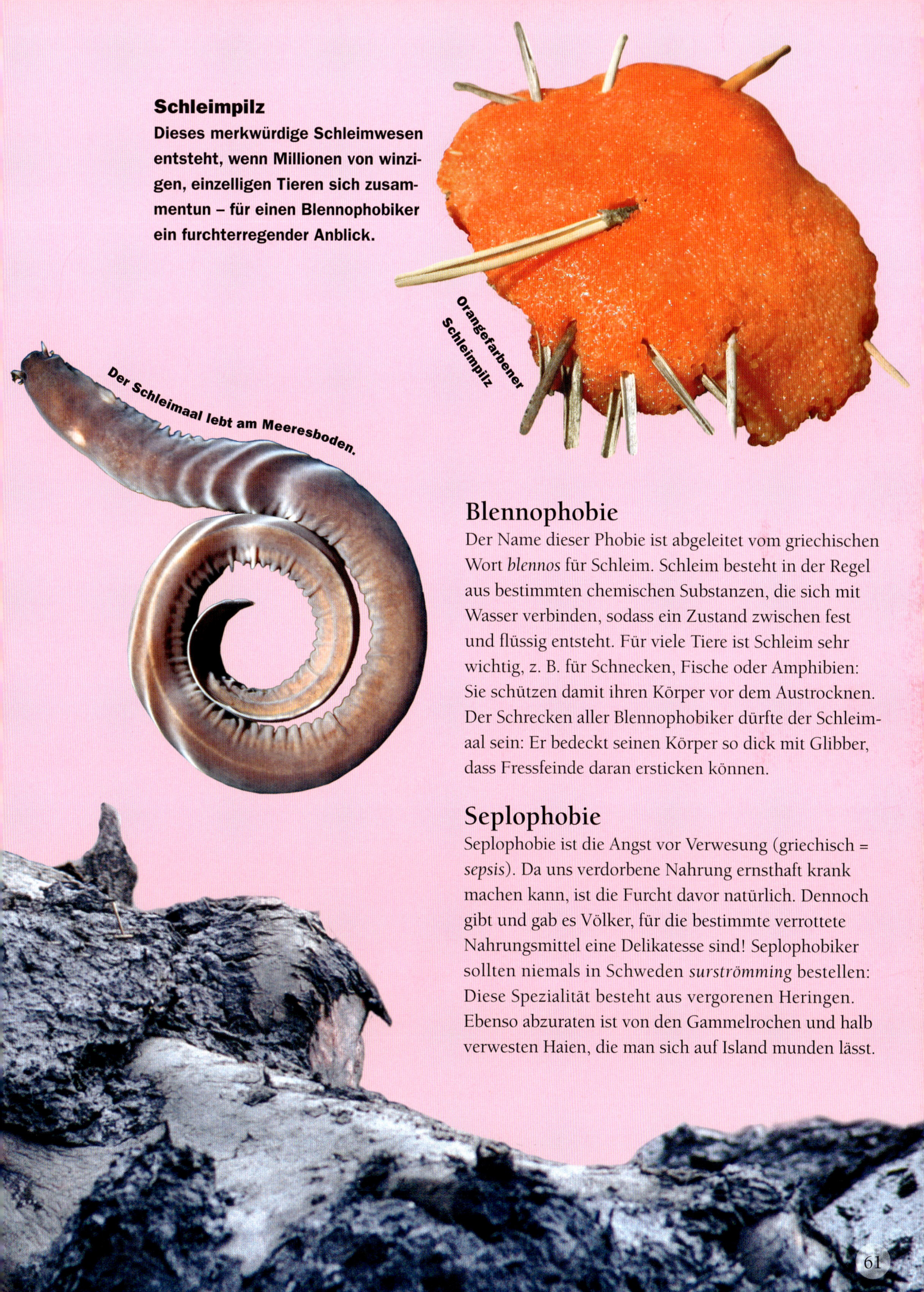

Schleimpilz

Dieses merkwürdige Schleimwesen entsteht, wenn Millionen von winzigen, einzelligen Tieren sich zusammentun – für einen Blennophobiker ein furchterregender Anblick.

Orangefarbener Schleimpilz

Der Schleimaal lebt am Meeresboden.

Blennophobie

Der Name dieser Phobie ist abgeleitet vom griechischen Wort *blennos* für Schleim. Schleim besteht in der Regel aus bestimmten chemischen Substanzen, die sich mit Wasser verbinden, sodass ein Zustand zwischen fest und flüssig entsteht. Für viele Tiere ist Schleim sehr wichtig, z. B. für Schnecken, Fische oder Amphibien: Sie schützen damit ihren Körper vor dem Austrocknen. Der Schrecken aller Blennophobiker dürfte der Schleimaal sein: Er bedeckt seinen Körper so dick mit Glibber, dass Fressfeinde daran ersticken können.

Seplophobie

Seplophobie ist die Angst vor Verwesung (griechisch = *sepsis*). Da uns verdorbene Nahrung ernsthaft krank machen kann, ist die Furcht davor natürlich. Dennoch gibt und gab es Völker, für die bestimmte verrottete Nahrungsmittel eine Delikatesse sind! Seplophobiker sollten niemals in Schweden *surströmming* bestellen: Diese Spezialität besteht aus vergorenen Heringen. Ebenso abzuraten ist von den Gammelrochen und halb verwesten Haien, die man sich auf Island munden lässt.

Ängste vor Pflanzen

Den größten Teil unserer Geschichte lebten wir Menschen in einer Welt, die überwiegend mit Wäldern bedeckt war. Früher waren die Bäume riesig groß und auf absterbendem Holz wuchsen die seltsamsten Pflanzen. Vielleicht sind Ängste, die mit dem Wald zu tun haben, eine dunkle Erinnerung an die langen Zeiten, als die Umgebung unserer Vorfahren von Bäumen beherrscht war und man sich nicht weit von seiner vertrauten Umgebung wegtraute.

Hylophobie

Das Wort kommt aus dem Griechischen und bedeutet »Angst vor dem Wald«. Zum Glück für Hylophobiker sind in Europa und Nordamerika nur noch wenige Regionen mit ausgedehnten Wäldern bedeckt. Noch vor 6000 Jahren war das anders. Seit damals wurden rund 80 % der Wälder abgeholzt.

Dieser Baum ist 2000 Jahre alt.

Eine Knollenblätterpilz-Art

Dendrophobie

Dendrophobie beschreibt die Angst vor Bäumen, vom griechischen *dendron* = Baum oder Ast. In Kalifornien wachsen die größten Bäume der Welt, die Riesenmammutbäume aus der Familie der Zypressengewächse (s. S. 55). Das älteste bekannte Lebewesen ist auch ein Baum: eine langlebige Kiefer namens *Methuselah*. Sie steht in den White Mountains in Kalifornien und ist über 4700 Jahre alt. Es gibt auch giftige Bäume: Der Manchinelbaum, zu Hause unter anderem in der Karibik, verursacht schon bei Berührung Hautverbrennungen.

Mycophobie

Mycophobie (oder Mykophobie) ist die Angst vor Pilzen und leitet sich vom griechischen *mykes* = Pilz ab. Mycophobiker haben nicht nur vor giftigen Pilzen Angst, sondern auch vor essbaren. Manche Pilzarten sind nicht tödlich giftig, verursachen aber Halluzinationen und seltsame Bewusstseinszustände. Der Grüne Knollenblätterpilz ist wahrscheinlich der giftigste aller Pilze.

Achtung beim Pilzsammeln: Es gibt giftige Arten!

Fliegenpilz

Grüner Knollenblätterpilz
Das Gift des Grünen Knollenblätterpilzes führt zum Tod. Er ähnelt einigen essbaren Pilzarten!

Giftige Pilze
Die Knollenblätterpilz-Arten wie dieser hier (links) sind tödlich giftig; auch der Fliegenpilz (rechts) ist giftig.

Grüner Knollenblätterpilz

Schmerz-Ängste

Die Angst vor Schmerz selbst wird manchmal Odynephobie genannt (vom griechischen *odyne* = Schmerz). Doch es gibt auch noch viele andere, ähnliche Ängste. Warum empfinden wir überhaupt Schmerz? Schmerz ist wichtig, denn er macht uns auf Verletzungen und Krankheiten aufmerksam und warnt uns vor schädlichen Dingen oder Situationen. Menschen, die keinen körperlichen Schmerz empfinden können, sind deshalb viel stärker von Infektionen und Verletzungen bedroht als andere. Weil Schmerz so unangenehm ist, ist eine Abneigung dagegen normal. Doch Schmerzphobien sind etwas ganz anderes.

Amychophobie

Diese Phobie bezeichnet die Angst vor Kratzern oder davor, gekratzt zu werden (auf Griechisch heißt *amygma* das Zerkratzen). Amychophobiker haben einige Feinde unter Tieren und Pflanzen: Jedes Wesen mit Klauen, Krallen oder Nägeln kann ihnen gefährlich werden. Die kratzigsten Pflanzen von allen sind vermutlich die Kakteen aus der Familie der Opuntien. Sie haben zwei verschiedene Arten von Dornen, keine sanfter als die andere. Die großen Dornen haben heimtückische Widerhaken. Das macht sie besonders schmerzhaft und erschwert es, sie wieder herauszuziehen. Die anderen Dornen sind winzig klein, fliegen durch die Luft und können uns in Mund und Augen geraten, wo sie scheußliche Schmerzen verursachen.

Cnidophobie

Überall in der Tierwelt gibt es Wesen, die giftige Stacheln tragen – von mikroskopisch kleinen Tierchen bis hin zu großen wie die Feuerqualle, deren Schirm bis zu 0,5 m im Durchmesser groß werden kann. Für Cnidophobiker (auf Griechisch heißt Stachel *knide*) – Menschen, die Giftstacheln von Tieren fürchten – keine gute Sache. Auch Skorpione, Verwandte der Spinnen mit einem Giftstachel am Schwanzende, machen Cnidophobikern Angst. Nicht alle Skorpionarten sind für uns Menschen tödlich giftig. Es gibt auch Fische mit Giftstacheln, wie einige Steinfisch-Arten, Skorpionsfische und der Stachelrochen.

Phagophobie

Phagophobie (vom Griechischen *phagein* = essen) ist ein Begriff, der für zwei verschiedene Arten von Phobien verwandt wird: einmal für die Angst, selber verschlungen zu werden, und zum anderen für Schluckangst bzw. Angst zu essen.

Cnidophobiker können Skorpione nicht ausstehen.

Skorpionsstachel

Toxiphobie

Toxiphobiker (von griechisch *toxine* = giftige Substanz) haben bei allen möglichen Speisen und Getränken Angst, vergiftet zu werden. Manche bereiten deshalb alle Speisen selbst zu, um sicher zu sein, dass das nicht passieren kann. Ein Toxiphobiker würde niemals einen Kugelfisch (Fugu) essen. In Japan ist er eine teure Delikatesse. Der Fisch enthält in bestimmten Organen ein tödliches Gift namens Tetrodotoxin. Nur ein erfahrener Koch kann den Fisch so zubereiten, dass die Teile, die gegessen werden, nicht mit dem Gift in Berührung kommen.

Klettensamen mit Widerhaken

Blaupunktrochen

Fruchtkörper der Petersilie (stark vergrößert)

Der Stachelrochen hat am Ende der Schwanzflosse einen Giftstachel.

Stachlige Frucht

Diese kleine Petersilien-Frucht, die den Samen der Pflanze enthält, sieht für einen Amychophobiker bedrohlich aus. Doch wenn sie am Fell eines Tiers hängen bleibt, tut das nicht weh.

Ängste vor Wetter

Ohne die Atmosphäre, die unseren Planeten umgibt, wäre auf der Erde kein Leben möglich. Sie erhält uns Wasser und Wärme und schirmt uns von der kosmischen Strahlung ab, die sonst für uns tödlich wäre. Das Problem für Wetterphobiker: Eine Atmosphäre ist ohne Wetter leider nicht zu haben.

Verschneite Bäume und Gipfel in Kanada

Cheimaphobie

Cheimaphobie oder Cheimatophobie (vom griechischen *cheimon* = Winter, Frost) ist die Angst vor Kälte, Frost und Schnee. Die Antarktis ist wahrscheinlich der schlimmste Ort der Welt für einen Cheimatophobiker: Bei Dauerschnee und Dauereis und einer Temperatur von durchschnittlich -45 °C ist hier immer Winter. Wenn unsere Körpertemperatur unter 35 °C fällt, wird es lebensgefährlich. Wer sich also nicht warm einpackt, überlebt in der Antarktis nicht lange. Der Schnee schmilzt dort niemals, und die Niederschläge (die immer als Schnee fallen) bilden einen Eispanzer, der rund 2500 m dick ist. In diesen Eismassen stecken etwa 70 % der Süßwasservorräte der Erde.

Lilapsophobie

Verwandt mit der Astraphobie (s. S. 24) ist die Lilapsophobie, die Angst vor Stürmen und Tornados. Tornados sind Luftwirbel, auch Windhosen genannt. Sie drehen sich mit Geschwindigkeiten von rund 480 km/h um sich selbst. Sie entstehen, wenn warme, feuchte Tropenluft auf kalte Polarluft trifft. In Nordamerika gibt es eine Region, in der Tornados so häufig sind, dass sie Tornado-Allee genannt wird. Sie berührt die Bundesstaaten Texas, Oklahoma, Kansas und Nebraska. Lilapsophobiker halten sich dort sicher nicht so gern auf.

Ein Tornado kann ohne Vorwarnung aus den Wolken herabstoßen.

Tornado über Wyoming (USA)

Tropische Wirbelstürme

Während man den kleinräumigen Tornados leicht ausweichen kann, indem man flieht, wenn ein Unwetter vorhergesagt wird, ist das bei Wirbelstürmen nicht so einfach. Ihre Schneise der Verwüstung kann bis zu 800 km breit sein. Die Menschen, die in tropischen Regionen an der Küste leben, können einem sich nähernden Wirbelsturm kaum ausweichen.

Sinnes-Ängste

Ohne unsere Sinnesorgane würden wir uns in der Welt nicht zurecht-finden. Wir wären blind und taub, könnten nichts schmecken oder ertas-ten. Doch was passiert, wenn wir anfangen, uns vor dem zu ängstigen, was uns unsere Sinnesorgane mitteilen, oder sogar unsere Sinne selbst fürchten? Phobien, die damit zu tun haben, sind ganz besonders problematisch, weil der Phobiker dem, wovor er Angst hat, nicht ausweichen kann.

Ligyrophobie

Ligyrophobie, auch Phonophobie genannt (von den grie-chischen Wörtern *ligys* = laut, schrill bzw. *phone* = Stim-me, Ton), ist die Angst vor lauten Geräuschen – nicht zu verwechseln mit Hyperakusis, einer Störung im Ohr, die ex-trem empfindlich gegen laute Geräusche macht. Ligyropho-biker sollten Tieren wie dem Brüllaffen aus dem Weg gehen, der sich mit seinen Artgenossen über weite Entfernungen laut schreiend verständigt.

Haphephobie

Haphephobie (von griechisch *hapsis* = Berührung) ist die Angst da-vor, berührt zu werden. Auch Hapnophobie oder Thixo-phobie genannt, kann einen diese Angst sehr einsam machen. Normalerweise geht es darum, nicht von anderen Men-schen berührt zu werden. Aber viele Haphephobiker sind zugleich Entomo-phobiker, haben also Angst vor Insekten (s. S. 42) wegen deren vielen Beinen und langen Fühlern.

Das Busch-Baby lässt laute Schreie hören.

Lange Fühler
Die Fühler dieser
Bockkäfer-Art namens
Monochamus scutellatus
werden bis zu doppelt so lang
wie sein Rumpf. Mit ihrer Hilfe
kann er die Umgebung abtasten.

Monochamus scutellatus, eine Bockkäfer-Art

Den Ruf des Brüllaffen hört man bis zu 5 km weit.

Was das Stinktier versprüht, stinkt nach verbranntem Gummi, Knoblauch und faulen Eiern.

Streifen-Stinktier
(oder Streifenskunk)

Geumaphobie

Wer unter Geumaphobie leidet,
hat Angst vor einem unbekannten
Geschmack oder davor, etwas zu
schmecken, was er nicht mag.

Olfaktophobie

Dies ist die Angst vor Gerüchen (lateinisch *olfacere* = riechen). Gerüche
können heftige Gefühle oder unbe-
wusstes Verhalten (Reflexe) auslösen.
Das Stinktier »nutzt« diese Angst
aus: Es verteidigt sich, indem es eine
stinkende Flüssigkeit aus seinem
Hinterteil absondert. Mithilfe kräfti-
ger Muskeln kann es den Strahl bis
zu 3 m weit spritzen. Der Gestank ist
so stark, dass man ihn noch in einer
Entfernung von 1,5 km riechen kann!

Stinkiges Stinktier
Die bekannteste Stinktier-Art heißt
mit wissenschaftlichem Namen
Mephitis mephitis – das bedeutet,
wörtlich übersetzt, Gestank Gestank!

69

Ängste vor kleinen Dingen

Microphobie, die Angst vor kleinen Dingen (vom griechischen *mikros* = klein), hört sich seltsam an – wie kann man vor etwas Winzigem Angst haben? Doch es gibt sogar mehrere Phobien dieser Art, wie z. B. Ängste vor Bakterien und Viren. Tatsächlich sind unter diesen mikroskopisch kleinen Lebewesen einige, die wirklich gefährlich für uns sind.

Bazillophobie

Das lateinische Wort *bacillus* bedeutet »Stab« und beschreibt die Form bestimmter Bakterienarten. Doch Bazillophobie ist die Angst vor Keimen allgemein. Jeder Mensch bekommt durch Keime gelegentlich eine Erkältung. Aber manche Keime können auch sehr schwere Krankheiten hervorrufen, wie z. B. das Ebola-Virus: 60 bis 80 % der Menschen, die von ihm infiziert werden, sterben.

Bakteriophobie

Das ist die Angst vor Bakterien. Für Bakteriophobiker ist es ein echtes Problem, dass wir alle Bakterien im Darm und auf der Haut haben. Ohne diese, die uns z. B. beim Verdauen der Nahrung helfen, könnten wir gar nicht überleben! Manche Bakterien sind nicht so einfach zu bekämpfen: Bestimmte Arten können nicht nur bei Temperaturen von mehr als 100 °C überleben, sondern gedeihen dabei sogar gut. Andere leben in Säuren, die einen Menschen glatt auflösen würden.

Isopterophobie

Das ist die Angst vor Termiten (von *Isoptera*, ihrem wissenschaftlichen Namen). Zum Unglück für alle

Wir fürchten Bakterien, obwohl wir sie mit bloßem Auge nicht sehen.

Bakterienrasen in einer Petrischale

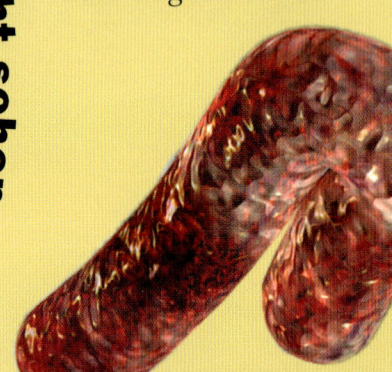

Pilze und Bakterien

Schmutzige Hände

Aus winzigen Schmutzteilchen von einem Handabdruck und von Hausstaub wächst ein Rasen aus Pilzen und Bakterien.

Isopterophobiker sind diese Tiere weit verbreitet. Sie sind mit den Küchenschaben verwandt und in vielen Ländern der Welt ein Problem, da sie sich von Holz ernähren – also auch Möbel, Bodendielen und Deckenbalken fressen. Einige Arten bauen große Baue, Termitenhügel genannt.

Stoffen, Haare, Blütenstaub, Asche, Nahrungsmittelreste und sogar winzige Glasteilchen. Auch wenn man kein Koniophobiker ist: keine angenehme Vorstellung!

Koniophobie

Die meisten Leute haben Hausstaub nicht so gern, doch Koniophobiker (vom griechischen *konia* = Staub) fürchten ihn regelrecht – vor allem wenn sie wissen, woraus er besteht: Etwa 80 % der Staubteilchen, die du in der Sonne tanzen siehst, sind Hautschuppen, die wir Menschen verlieren. Daneben stecken im Hausstaub Hausstaubmilben und ihre Exkremente, Pilzsporen, Stückchen von Insekten, winzige Fasern von Teppichen, Kleidung und anderen

Das Ebola-Virus

Das Ebola-Virus ist nach dem Ort in Afrika benannt, wo es im Jahr 1976 erstmals entdeckt wurde: dem Fluss Ebola im Kongo.

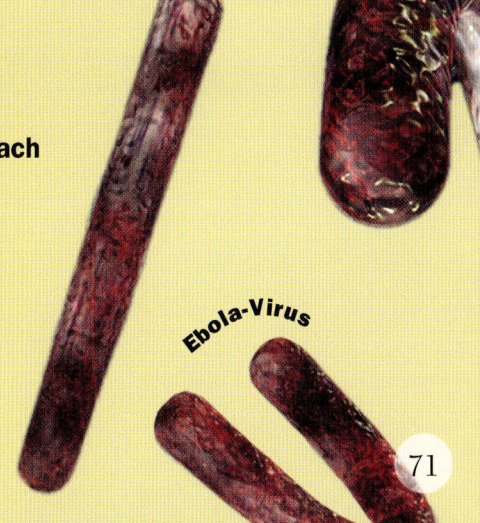

Ebola-Virus

Ängste vor Meerestieren

Langer, schleimiger Aal

Riesenotter beim Fressen

Das Meer hatte für die Menschen schon immer etwas Geheimnisvolles. Erst seit relativ kurzer Zeit ist es uns Menschen durch technische Geräte möglich, länger als ein paar Augenblicke unter Wasser zu bleiben und das Leben darin zu erforschen. Doch noch immer wissen Forscher mehr über die Mondoberfläche als über den Meeresboden, von dem die größte Fläche unseres Planeten bedeckt ist.

Lutraphobie

Die Angst vor Ottern, die Lutraphobie (nach ihrem wissenschaftlichen Namen *Lutrinae*), ist sehr selten. Es gibt verschiedene Otter-Arten, doch am unangenehmsten für einen Lutraphobiker ist wahrscheinlich der Riesenotter, zu Hause im Amazonas-Regenwald: Mit bis zu 1,80 m Länge wird er so groß wie ein erwachsener Mann.

Ostraconophobie

Viele Menschen sind allergisch gegen Muscheln oder haben eine schlechte Erfahrung mit einer Lebensmittelvergiftung gemacht. Muscheln nehmen mit ihrer Nahrung bestimmte Algen auf, die eine solche Vergiftung auslösen; und wenn Muscheln nicht mehr frisch sind, können sich giftige Bakterien bilden. Doch ein Ostraconophobiker (vom griechischen *ostrakon* = Scherbe) bekommt Angst, wenn er nur Muscheln sieht, die manchmal schleimig und unappetitlich aussehen.

In der dunklen Tiefe des Meeres sind Augen für den Tiefsee-Anglerfisch nutzlos.

Tiefsee-Anglerfisch

Roter Seeigel

Ichthyophobie

Wer unter dieser Phobie leidet (auf Griechisch heißt *ichthys* Fisch), fürchtet sich vor allen Fischen – auch vor harmlosen Goldfischen oder einem leckeren Fischfilet auf dem Teller. Für diese Leute sind Meere und Flüsse voll mit angstmachenden Wesen. Welcher Fisch ist wohl der schlimmste für einen Ichthyophobi-ker? Da gibt es gleich mehrere Kandidaten: Der größte Fisch der Welt ist der Walhai, der über 12 m lang und 18 t schwer werden kann. Doch es sind sanfte Riesen, die nur Plankton und kleine Fische fressen (s. S. 36–37). Den Rekord an Hässlichkeit halten vermutlich die Tiefsee-Anglerfische. Sie leben in der Tiefsee, wo kein Sonnenlicht mehr hinkommt, deshalb sind ihre Augen verkümmert. Mit einem leuchtenden »Köder« lockt der Tiefsee-Anglerfisch seine Beute an. Am gefährlichs-ten sind vermutlich die Roten Piranhas im Amazonas.

Im Wasser lebt eine große Vielfalt an Tieren.

Frische Austern

Farbphobien

Menschen, die Angst vor Farben haben, müssen auf Katzen und Hunde neidisch sein: Denn diese Tiere sehen Farben weniger gut als wir Menschen. Dass sie nur schwarz-weiß sehen können, ist allerdings ein Gerücht. Doch Menschen haben drei verschiedene Farbrezeptoren (spezielle Zellen, die auf das Licht reagieren), während Katzen und Hunde nur zwei haben. Wer vor bestimmten Farben Angst hat, sollte möglichst nur nachts das Haus verlassen: Bei schwachem Licht sind alle Farben weniger kräftig.

Schwarzer Panther

Roter Ibis oder Scharlach-Sichler

Ereuthophobie

Rot, die Farbe von Blut, signalisiert für uns Menschen Gefahr oder dass irgendetwas nicht in Ordnung ist. Das könnte erklären, warum Ereuthophobiker (griechisch *erythros* = rot) vor dieser Farbe Angst haben. Ähnlich wirkt Rot manchmal auch im Tierreich: So warnen die leuchtend roten Flügeldecken des Marienkäfers Vögel davor, dass er scheußlich schmeckt. Doch in der Natur bedeutet »Rot« nicht immer »Gefahr«. Die Farbe kann auch von der Ernährung herrühren, wie z.B. bei Flamingos und Ibissen: Sie fressen rote Krebstiere und rotes Plankton – so werden sie rot oder rosa, weil sich die Farbstoffe in Haut und Federn einlagern.

Melanophobie

Melanophobiker haben Angst vor der Farbe Schwarz (*melas* ist das griechische Wort für schwarz), die wir mit der Nacht in Verbindung bringen. In der Natur kann Schwarz hilfreich sein, weil es Nachttieren hilft, sich zu tarnen. Eines der bekanntesten schwarzen Tiere, der Schwarze Panther, ist eigentlich ein Leopard. Obwohl sein Fell ganz schwarz ist, kann man bei günstigem Licht dennoch die typischen Leopardenflecken erkennen.

Xanthophobie

Gelb ist eine Farbe, die in der Natur oft vorkommt – für Xanthophobiker (vom griechischen *xanthos* = gelb), die diese Farbe fürchten, ein Problem. Bei Insekten und Amphibien ist es oft eine Warnfarbe, um Feinde abzuschrecken.

Hundskopf-Boa

Leukophobie

Leukophobiker fürchten die Farbe Weiß (auf Griechisch: *leukos*). Bei Tieren und Menschen gibt es manchmal Albinos: Ihnen fehlen farbige Pigmente in der Haut, und so sehen sie weiß aus. In der Natur fallen sie dadurch auf, deshalb sind ihre Überlebenschancen nicht sehr groß. Eisbären haben aus einem anderen Grund ein weißes Fell: Die Haare sind hohl, so schlucken sie das meiste Sonnenlicht, das darauffällt, und halten den Bären warm.

Albinos überleben in der Wildnis nicht lange.

Albino-Alligator

Glossar

Aggression angriffslustiges Verhalten

Allergie überschießende abwehrende Reaktion des Immunsystems auf Stoffe oder Nahrungsmittel, die dem Körper normalerweise nichts ausmachen

Amphibien Tiere, die teils im Wasser, teils an Land leben

anaphylaktischer Schock Kreislaufversagen, ausgelöst durch eine → Allergie; kann bei Nichtbehandlung tödlich verlaufen

Atmosphäre gasförmige Hülle um die Erde oder andere Himmelskörper

Bakterium (Mehrzahl: Bakterien) eine bestimmte übergeordnete Gruppe von Lebewesen (die dritte große Gruppe neben »Pflanzen« und »Tieren«)

Beutegreifer früher: Raubtier/Raubvogel; Tier, das sich als → Carnivore von anderen lebenden Tieren ernährt

Carnivore, carnivor Fleischfresser, fleischfressend

einbalsamieren einen toten Körper mit Substanzen behandeln, die die Verwesung verhindern

Entladung Abgabe von elektrischer Energie

Erreger → Bakterien, → Viren oder Pilze (Keime), die eine Krankheit auslösen können

Exkremente anderes Wort für Kot

Fressfeind Lebewesen, das andere lebende Lebewesen frisst; z.B. → Beutegreifer

Halluzination Sinneswahrnehmung von Dingen, die gar nicht da sind (bzw. von anderen Menschen nicht wahrgenommen werden)

Hassverhalten Verhalten von Vögeln, um Feinde zu vertreiben und zugleich Artgenossen vor diesen zu warnen; z.B. durch Scheinangriffe oder lautes Geschrei

Herbivore, herbivor Pflanzenfresser, pflanzenfressend

hyperventilieren heftig und flach atmen und dabei nicht richtig Luft bekommen; kann ein → Symptom bestimmter Krankheiten sein

Immunsystem Gesamtheit bestimmter Reaktionen des Körpers zur Abwehr von Krankheiten

Infektion Ansteckung mit → Erregern einer Krankheit

injizieren etwas durch Stechen in den Körper hineinbringen, z.B. durch einen Giftbiss oder durch eine Spritze

Kanüle hohle Nadel als Teil einer Spritze

kosmische Strahlung energiereiche natürliche Strahlung des Weltalls

Megafauna Gesamtheit aller großen Tiere

Metamorphose Verwandlung eines Jungtiers in das erwachsene Tier (z.B. bei Insekten und Amphibien); führt bei manchen Arten zu völliger Veränderung im Aussehen

Mundwerkzeug »Maul« von Insekten, Spinnen und Krebstieren; besteht aus mehreren Teilen, die zangen-, röhren- oder fühlerartig sein können

Mythologie Gesamtheit der Erzählungen und Sagen eines Volkes (z.B. Götter- und Heldensagen = Mythen); Mythen versuchen oft Naturerscheinungen oder die Enstehung der Welt zu erklären

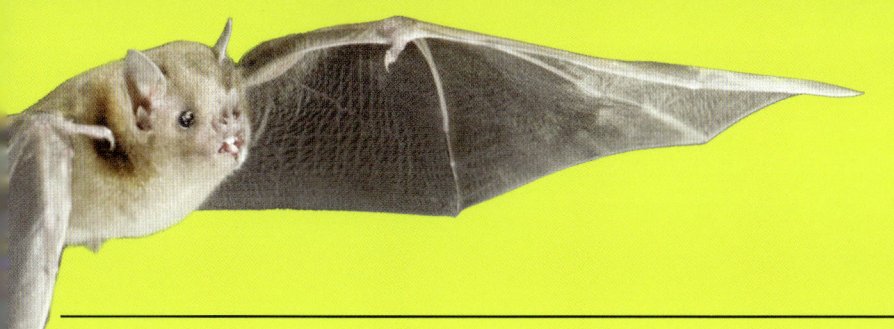

Ovipositor stachelförmiges Organ von Insekten zur Eiablage

Plankton mikroskopisch kleine Tiere und Pflanzen, die »schwebend« im Wasser leben

Reflex Reaktion eines Lebewesens auf ein bestimmtes Ereignis von außen (Reiz), die unwillkürlich, unbewusst und sehr schnell abläuft

Rezeptor (Farbrezeptor) Zelle (oder Teil einer Zelle), die bestimmte Informationen (wie Licht, Farbe oder bestimmte chemische Stoffe) von außen aufnimmt (oder »wahrnimmt«) und verarbeitet

Sekret flüssiger Stoff, der von einem Organ nach außen abgegeben wird

Sporen (Pilzsporen) winzige, staubartige Zellen von Pilzen, → Bakterien und bestimmten Pflanzen (Farne und Moose), die – ähnlich wie Samen – der Fortpflanzung dienen

Symptom Merkmal, an dem man eine Krankheit erkennt

tagaktiv/nachtaktiv Tiere, die tagsüber wach sind und nachts schlafen, sind tagaktiv; bei nachtaktiven Tieren ist es umgekehrt

Taiga nördlichste bewaldete Gebiete der Erde in Europa und Asien

Tentakel fadenförmige Gebilde am Körper bestimmter Tiere (und einiger Pflanzen), die meist dem Beutefang dienen

Tollwut schwere Tierkrankheit, auch für den Menschen ansteckend; übertragen durch ein → Virus; befallen werden überwiegend → Carnivoren; verläuft fast immer tödlich

Tsunami sehr hohe, auf das Land auftreffende Welle, ausgelöst durch Erdbeben oder unterseeische Erdrutsche

Ultraschall Schallwellen, die für uns Menschen nicht mehr hörbar sind

virtuelle Realität wirklichkeitsnahe Darstellung der Welt am Bildschirm mit computergestützen Methoden

Virus kleines Teilchen (Partikel), das zum Überleben die Zellen anderer Lebewesen (Pflanzen, Tiere, → Bakterien) benötigt, aber auf sich gestellt nicht überlebensfähig ist. Wird von den Biologen nach derzeitigem Wissenstand nicht zu den Lebewesen gezählt

wechselwarm Eigenschaft bestimmter Tiergruppen, ihre Körperwärme nicht selbst erzeugen zu können; sie wärmen sich nur mit der Umgebungstemperatur auf

Zwangsneurose psychische Erkrankung, bei der man wie unter Zwang bestimmte Handlungen häufig wiederholt

Register

Bildnachweis

Der Verlag dankt den folgenden Agenturen für die Bereitstellung des Bildmaterials:
(Schlüssel: o = oben, u = unten, l = links, r = rechts, M = Mitte, Hgr = Hintergrund)